طريقة حل المشكلات

الرزمة التدريبية للمعلمين في الوطن العربي 11

حسين محمد حسنين
خبير تدريب المدربين

طريقة حل المشكلات

Problem Solving Technique

الطبعة الأولى

1428هـ - 2007م

المملكة الأردنية الهاشمية

رقم الإيداع لدى دائرة المكتبة الوطنية (2007/2/433)

رقم الإجازة المتسلسل لدى دائرة المطبوعات والنشر (2007/2/448)

إعداد بيانات الفهرسة والتصنيف الأولية من قبل دائرة المكتبة الوطنية

ISBN 978-9957-02-273-0 (ردمك)

دار مجدلاوي للنشر والتوزيع

تليفاكس: ٥٣٤٩٤٩٧ - ٥٣٤٩٤٩٩

ص. ب ١٧٥٨ الرمز ١١٩٤١

عمان - الأردن

Dar Majdalawi Pub.& Dis.

Telefax: 5349497 - 5349499

P.O.Box: 1758 Code 11941

Amman- Jordan

www.majdalawibooks.com

E-mail: customer@majdalawibooks.com

المقدمة

تعتبر طريقة التدريس بأسلوب حل المشكلات من أكثر الطرق التدريسية شيوعاً في العديد من الدول الصناعية والمتقدمة ويعود ذلك إلى فلسفة مؤداها أن التعليم عن طريق تعريض الطالب إلى كم متواصل من المشكلات تجعله مع مرور الوقت أكثر قدرة على التكيف مع واقع العمل الفعلي بعد تخرجه من المؤسسات التعليمية ودخوله إلى سوق العمل.

وتصمم المناهج والكتب المدرسية في إطار طريقة التدريس بأسلوب حل المشكلات بطريقة خاصة تقوم على أساس تقديم المحتوى التعليمي بأسلوب المشكلة التي تستدعي من الطالب التفكير المتعمق لإيجاد الحل الملائم وهذا النوع من المناهج يتطلب وجود كوادر مؤهلة لتصميم وإنتاج المناهج والكتب المدرسية على نحو يخدم الأهداف المنشودة.

أما الإقبال في العالم العربي على استخدام هذا النهج في التعليم فنراه محدوداً ومعدوماً في أحيانٍ كثيرة ويقتصر الأمر على وجود بعض التمارين والحالات الدراسية وبشكل متناثر ومبعثر.

تهدف هذه الرزمة إلى رفع كفاءة المعلمين في مجال استخدام طريقة حل المشكلات ذلك أن عالمنا العربي بحاجة ماسة إلى أفواج من الخريجين القادرين على العمل والإنتاج في ظل ظروف اجتماعية واقتصادية صعبة.

هذا ويحتاج المعلمين إلى ذخيرة من المعلومات والمهارات والاتجاهات في إطار استخدام طريقة حل المشكلات عن طريق اشراكهم بالبرامج التدريبية لرفع كفاءتهم ومهاراتهم، إننا ندرك أن استخدام هذه الطريقة ليس بالأمر اليسير ولكن لا بد من البدء والتشجيع والدعم الموجه للمعلمين وتوفير التسهيلات اللازمة لهم.

و الله ولي التوفيق

المؤلف

حسين حسنين

الفصل الأول

أساسيات حول المشكلة

من برامج تدريب المعلمين على استخدام

طريقة حل المشكلات

الأسئلة الشائعة عن المشكلة (FAQ)

1. ما تعريف المشكلة؟

2. ما هي أساليب حل المشكلات؟

3. لماذا تحدث المشاكل؟

4. ما هو الأسلوب الأنجح في حل المشكلات؟

5. ما هي المعوقات التي يتسببها الإنسان بوعي وبدون وعي وتعيق مـن حـل مشكلة؟

6. متى نقول بوجود مشكلة؟

7. هل هناك تصنيفات للمشكلة؟

8. ما الفرق بين مشكلة وأزمة؟

9. ما هي أهم النصائح لمواجهة مشكلة؟

ما هي المشكلة؟

المشكلة هي فجوة غير مرغوبة بين وضع مرغوب وآخر حالي.

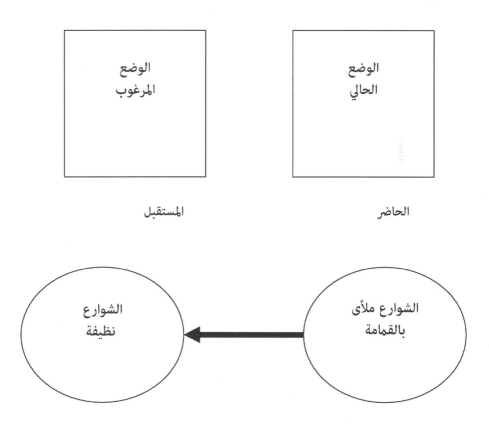

شكل يصور المشكلة

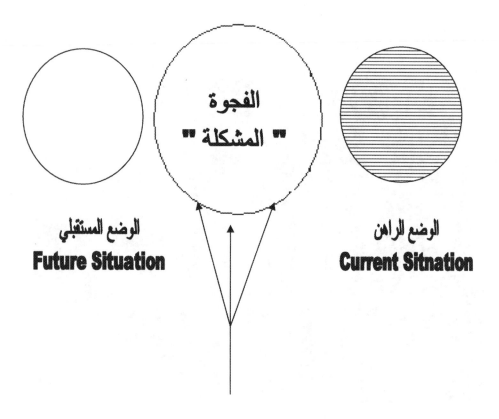

أساليب حل المشكلة (ردم الفجوة)

Problem Solving Techniques

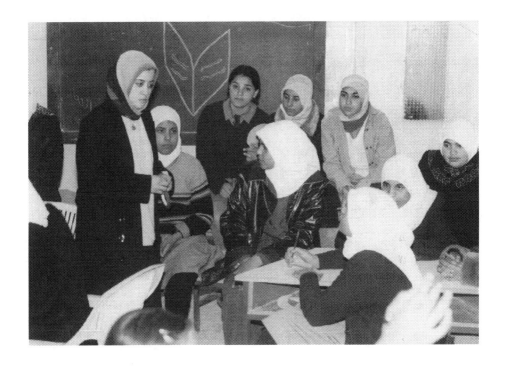

أساليب حل المشكلة عديدة ومتنوعة

" متى نقول بوجود مشكلة"

لكي نقر بوجود مشكلة فعلاً عند شخص ما لا بد من توافر أربعة شروط:-

(1) الوعي الذاتي بموقف ما . Understanding Awareness

(2) وجود درجة من التعقيد.Awardees complexion need for Action

(3) الحاجة الذاتية للتحرك . Need to move

(4) الموقف ذا طبيعة تتطلب فعلاً Action Based complete situation

لا يكاد يمضي يوم من حياتنا إلا ونلفظ بهذه الكلمة وربما نلفظها عدة مرات في اليوم الواحد. وقبل لفظ كلمة مشكلة نمر بعدد من المراحل مع الذات.

1- مرحلة الشعور (Feeling) وتبدأ هذه المرحلة بشعورنا بخلل ما قد حدث أو أوشك على الحدوث.

مثال: فتح حنفية المياه في المطبخ فبدأت المياه مندفعة بقوة وما هي إلا لحظات حتى بدأت المياه بالخفوت التدريجي.

وبعد ذلك تقوم بتنفيذ مصدر المياه (مثلاً تنك الماء) فتجد أنه فارغ من الماء، وهنا تصبح واعياً بالموقف.

2- مرحلة الاعتراف .

بعد الشعور بالمشكلة تبدأ مرحلة الاعتراف بأن هذا الموقف يتطلب القيام بفعل ما.

3- مرحلة التحرك Need for Action

في هذه المرحلة تعبر الشخص بالحاجة الذاتية للتحرك الفعلي .

4- مرحلة التعقيد والغموض Ambiguity and complexity

في هذه المرحلة يدرك الشخص درجة من التعقيد والغموض في حل مشكلة.

رسم يوضح بعض معيقات حل المشكلات

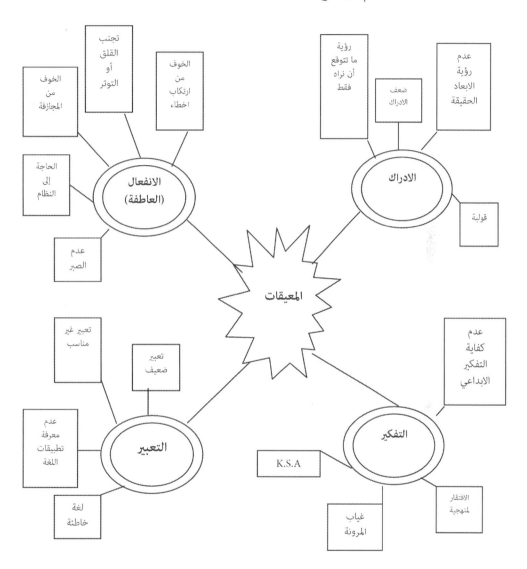

* المصدر: حسين حسنين - الحقيبة التدريبية حول اساليب حل المشكلات (2004م).

في الصورة أعلاه مجموعة من الطلاب ينقلون بيئتهم إلى

وضع مرغوب. يتمثل الوضع المرغوب في شارع

نظيف خال من القمامة.

أهداف التعلم عن حل المشكلات

- تعريف مصطلح مشكلة.

- معنى حل مشكلة.

- كيف ننتقي الأسلوب الأمثل لحل مشكلة.

- كيف نستخدم الأسلوب الذي ننتقيه.

- كيف أقوم فاعلية الأسلوب الذي استخدمه لحل المشكلة.

ما هو حل المشكلة؟

What is Problem solving

- حل المشكلة هو أسلوب يقصد به معالجة موقف حياتي حقيقي.
- تحديد حلول ممكنة للمشاكل.
- تحديد الحل الأكثر ملائمة ومن ثم:
- استخدام الحل للمشكلة من اجل حل المشكلة.

الشكل التالي يلخص معنى حل المشكلة.

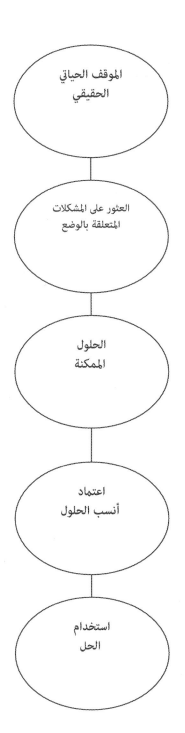

الموقف الحياتي
الحقيقي

Real Life Situation

العثور على المشكلات
المتعلقة بالوضع

Underlying Problems

الحلول
الممكنة

Possible Solutions

اعتماد
أنسب الحلول

Best Solution

استخدام
الحل

Applying the Solution

صورة طلاب دربوا على وضع سموم للجرذان

- **الموقف الحياتي الحقيقي**: جرذان منتشرة في الشوارع والمجاري العامة.

- **المشكلات الخاصة بالوضع**: انتشار الأمراض- خوف الأطفال من الجرذان.

- **الحلول الممكنة**: حملة نظافة - وضع سموم- توعية وتثقيف .

- **أفضل الحلول**: حملة تتضمن وضع سموم في أماكن تواجد الجرذان.

- **استخدام الحل**: تنظيم الناس وتوفير السـموم وتحديـد أمـاكن وضـع السـموم ثـم وضـع السموم والمتابعة.

لماذا التدريب على حل المشكلات؟

- لأننا نواجه يومياً بمشكلات.

- لكي نتعلم كيف نحل مشاكلنا.

- من أجل أن نتبادل الخبرات المختلفة حول حل المشكلات.

- من أجل اكتشاف طرائق جديدة لحل المشكلات.

- حتى نتعرف إلى أكثر الطرق فاعلية في الحل.

- لتقليل الآثار السلبية للمشكلات.

- لكي نعيش خبرة عملية ومباشرة مع المشكلات.

> ﴿لقد خلقنا الإنسان في كبد﴾
> سورة البلد آية (4)

ما هو دور المعلم في التدريب على حل المشكلات؟

- أن يعلب دور الميسر (Facilitator) بمعنى أن لا يقدم الحلول بل يساعد الجماعة في الوصول إلى الحل.

- أن يهتم بالعمليات، لا بالنتائج فقط، بمعنى أن لا يكون تركيز على الوصول لحل المشكلة وإنما أيضاً التركيز على العمليات التي تستخدمها الجماعة في الوصول إلى الحل.
- استخدام طرائق تدريب تشاركية، والابتعاد عن أسلوب التلقين.
- أن ينخرط المدرب في عمليات التدريب ويعتبر نفسه متعلماً.
- أن يبني على خبرات الجماعة وإمكاناتها المتوافرة.
- أن يكون مباشراً ويدير الوقت بفاعلية.
- استخدام أساليب إبداعية.
- تجنب النقد وتوفير الدعم والاقتراحات البناءة.

سورة البلد: آية 4.

طريقة التدريس باستخدام حل المشكلات

تستلزم امتلاك المعلمين لكم كبير من المعلومات والمهارات

فوائد التعلم عن حل المشكلات

☐ التكيف .

☐ القدرة على تأكيد الذات .

☐ الاستقلالية.

☐ صنع واتخاذ القرار.

☐ اعادة التوازن

☐ دروس وعبر مستفادة.

المصطلحات الشعبية القريبة من كلمة مشكلة

- ☐ مشكلة .
- ☐ مشكل .
- ☐ اشكالية.
- ☐ ورطة.
- ☐ مصيبة.
- ☐ ازمة.
- ☐ عقدة.
- ☐ شوكة بالحلق.
- ☐ معضلة.
- ☐ خازوق.
- ☐ بلوة.
- ☐ عندي ظرف.
- ☐ دربكة.
- ☐ اضطراب.
- ☐ ألم في الرقبة. Pain in the neck

أركان الموقف التعليمي في إطار التدريب

على حل المشكلات

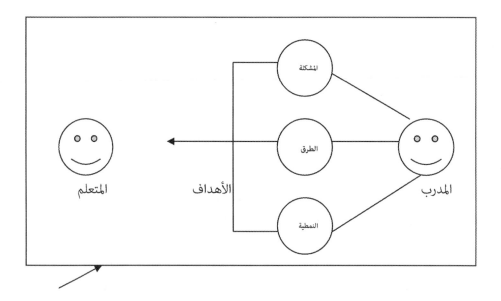

بيئة التعلم

الأركان:

1) المدرب/ المعلم / الميسر....
2) المتعلم / المتدرب/ الفئة المستهدفة/ الجمهور .
3) بيئة التعلم (المكان).
4) المشكلة (المحتوى).
5) الطرق: اساليب حل المشكلة.
6) النمطية: وصف لأسلوب المدرب في تعليم الجمهور معارف، ومهارات، واتجاهات حل المشكلات.
7) الأهداف: النتائج المنشودة المرغوبة.

أمثلة على مشكلات معاشه

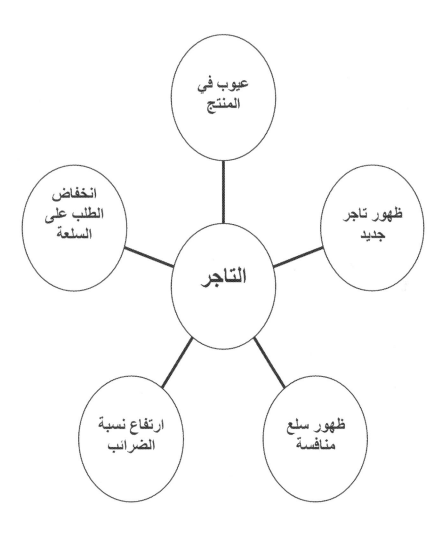

أمثلة على مشكلات معاشه

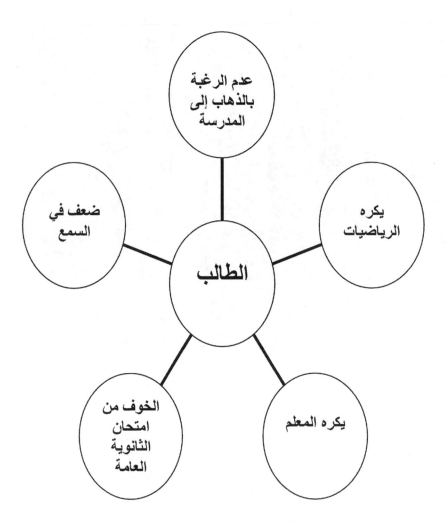

من دورة تدريب المثقفات على أساليب حل المشكلات يشارك الطلاب خارج
المدرسة مع مؤسسات المجتمع المدني بورش عمل حول أساليب حل المشكلات

ورشة عمل حول حل المشكلات

كشكول المشارك

"كل عقـدة ولهـا حــل"

مثل شعبي

---

* المصدر: حسين حسنين - الحقيبة التدريبية حول اساليب حل المشكلات (2004م).

تقديم

اهلاً وسهلاً بكم الى هذه الورشة المكرسة للتعلم عن اساليب حل المشكلات، ونتمنى لكم قضاء وقت مثمر ومفيد.

نأمل أن تبذلوا اقصى ما بوسعكم للمشاركة. جميعنا هنا نتعلم من بعضنا البعض.

اهداف الورشة*

يتوقع مع نهاية هذه الورشة ان يكون بمقدور المشاركة:

1. يعرف معنى كلمة مشكلة.

2. يميز بين طريقة حل مشكلة واستراتيجية حل مشكلة.

3. يتعرف الى عدد من اساليب حل المشكلات.

4. يستخدم عدد من اساليب حل المشكلات.

5. يستعد لمشاركة ما تعلم مع غيره في المجتمع المحلي.

---

* المصدر: حسين حسنين - الحقيبة التدريبية حول اساليب حل المشكلات (2004م).

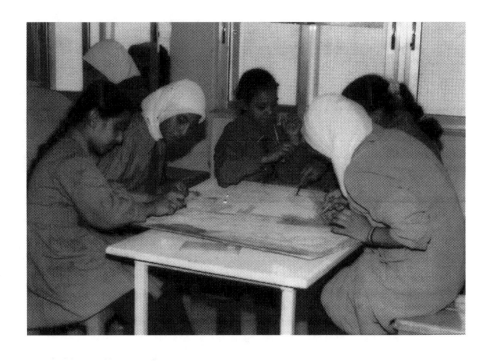

البدء من المشكلات التي يواجهها الطلاب في المدرسة

ورشة عمل حول حل المشكلات

تمرين فردي رقم (1)

المشكلة: عصف ذهني

في المربع ادناه وحال سماعك لكلمة مشكلة اكتب ما يترامى الى ذهنك مباشرة.

* المصدر: حسين حسنين - الحقيبة التدريبية حول اساليب حل المشكلات (2004م).

تدريب ربات البيوت من خلال مؤسسات المجتمع المدني

على حل المشكلات المنزلية

ورشة عمل حول حل المشكلات

تمرين رقم (2)
المشكلة: مـا هـي

أن الشخص الذي يطلق كلمـة هـو الاقـدر عـلى تعريفهـا، وتحديد ما تعنيـه فـإذا قلـت مشكلة، أو هذه مشكلة...................... .

حاول ان تحدد ما تعنيه لكم هذه الكلمة وبصورة ذاتية.

المشكلة هي

_____

_____

حدد هنا أكثر

* المصدر: حسين حسنين - الحقيبة التدريبية حول اساليب حل المشكلات (2004م).

ورشة عمل حول حل المشكلات

تمرين رقم (3)

انظر الى الـوراء

عدد بذاكرتك الى الوراء قليلاً مثال: شهر، أو اكثر، وابدأ بكتابة المشكلات التي واجهتك.

المشكلات التي واجهتني

1.

2.

3.

4.

5.

6.

7.

8.

---

* المصدر: حسين حسنين - الحقيبة التدريبية حول اساليب حل المشكلات (2004م).

<u>ورشة عمل حول حل المشكلات</u>

تمرين رقم (4)

صل بين كلمة من على اليمين مع كلمة على اليسار لتشكل مصطلح ذو معنى في اطار حل المشكلات.

حل	الامثل
الوضع	الذهنية
الحل	ذهني
الحلول	المحتملة
عصف	مشكلة
الخرائط	الراهن

* المصدر: حسين حسنين - الحقيبة التدريبية حول اساليب حل المشكلات (2004م).

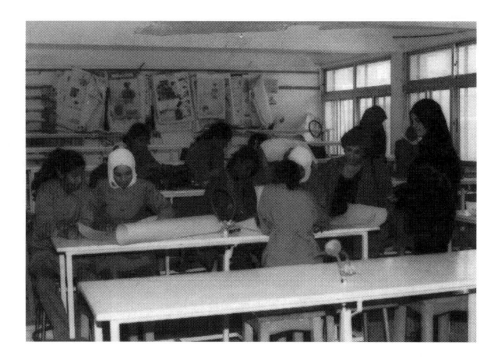

يوجد أساليب تقليدية وأخرى حديثة لحل المشكلات

ورشة عمل حول حل المشكلات*

تمرين رقم (5)

كيف تصرفت ؟

اختر واحدة من المشكلات التي رصدتها في تمرين رقم (3)، ثم حاول ان تكتب حول ما يلي:

1.   التغيرات التي حدثت لك بسبب هذه المشكلة.

-

-

-

-

2.   الخطوات التي اتخذتها لمواجهة / حل .. الخ المشكلة.

-

-

-

-

* المصدر: حسين حسنين - الحقيبة التدريبية حول اساليب حل المشكلات (2004م).

ورشة عمل حول حل المشكلات

تمرين رقم (6)

اخلق لنفسك مشكلة

اخلق لنفسك مشكلة واعمل ما يلي:

المشكلة: ______________________ .

استخدام الشكل التالي لحل المشكلة.

مراحل حل المشكلة	مثال
تمييز المشكلة	
تعريف المشكلة - الوضع الحالي	
الوضع المطلوب	
الهدف	
تحليل المشكلة	
الحلول المحتملة	
معايير الحل المثالي	
الحل الأفضل - تنفيذ الحل	
مراجعة مدى نجاح الحل	

* المصدر: حسين حسنين . الحقيبة التدريبية حول اساليب حل المشكلات (2004م).

طلاب دربوا على دراسة احتياجات مجتمعهم.المحلي من برامج التنمية البيئية ثم

ترتيب الاحتياجات وفق أولويتها والتصدي المدروس لحل المشكلات

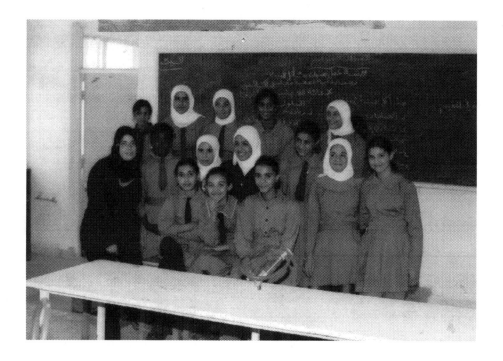

من ورشة عمل حول مشكلات البيئة

ورشة عمل حول حل المشكلات

أدوات معاونة على حل المشكلات
Aiding Tools For Problem Solving

مسمى الأداة بالأجنبية	مسمى الأداة بالعربية	الرقم
Tree Problem	شجرة المشكلة	1.
SWOT	تحليل سوات	2.
Problem – Solution	مشكلة وحل	3.
Web Chart	الرسم النسجي	4.
Critical Incident	الحث الحرج	5.
Causes - Effects	الأسباب – الآثار	6.
Problem Matrix	مصفوفة المشكلة	7.
Brain Storming	العصف الذهني	8.
Six Steps	الخطوات الست	9.
Obstacles Ranking	تدريج العقبات	10.
Teams	فرق الأسباب – الحلول	11.
Solutions List	قائمة الحلول	12.
Destroy and Start	دمر وابدأ	13.
Problem on Problem	مشكلة حل مشكلة	14.
Mudding	التوحيل	15.
Forming a Problem	تشكيل مشكلة	16.

---

* المصدر: حسين حسنين - الحقيبة التدريبية حول اساليب حل المشكلات (2004م).

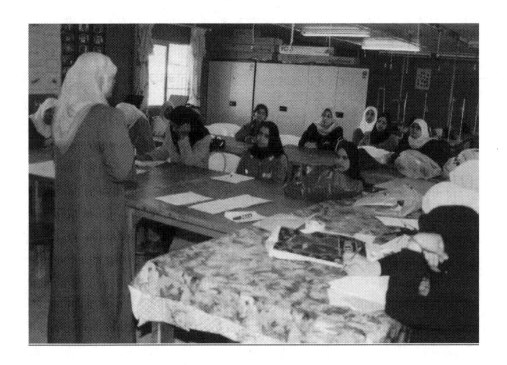

المشكلات التي نواجهها هي أنواع عديدة

ومن مستويات مختلفة

ورشة عمل حول حل المشكلات

(أنواع ومستويات المشاكل)

ضع مثالاً واحداً على كل نوع من أنواع ومستويات المشاكل التالية

الرقم	المشـــكلة	مثـــال
.1	شخصية بحتة	
.2	نفســية	
.3	تعليميـة	
.4	اقتصادية	
.5	سياسية	
.6	بيئية	
.7	اجتماعية	
.8	علاقاتيه (مع الآخرين)	
.9	شبابية	
.10	أطفال	
.11	خدمية	
.12	ترويحية	
.13	عائلية	
.14	مشكلة معرفية	
.15	مشكلة مهارية	
.16	مشكلة اتجاهاتيه	
.17	مشكلة محلية	
.18	مشكلة اقليمية	
.19	مشكلة دولية	
.20	مشكلة عالمية	

* المصدر: حسين حسنين - الحقيبة التدريبية حول اساليب حل المشكلات (2004م).

ورشة عمل حول حل المشكلات

تمرين مراجعة

1. قدم تعريفات لما يلي:

☐ مشكلة:

☐ اساليب:

☐ مكونات الفجوة:

2. سم خمسة اساليب من اساليب حل المشكلات؟

☐
☐
☐
☐
☐

3. اذكر خطوات الأسلوب التقليدي في حل المشكلات؟

-                              -

-                              -

-                              -

-                              -

---

*المصدر: حسين حسنين - الحقيبة التدريبية حول اساليب حل المشكلات (2004م).

4. صل بين المصطلح بالعربية وما يقابله بالأجنبية:

فجوة	**Causes**
اساليب	Strategy
مشكلة	Steps
حـل	Analysis
اسباب	Gap
استراتيجية	Techniques
خطوات	Problem
تحليل	Solution

الفصل الثاني

أساليب حل المشكلات

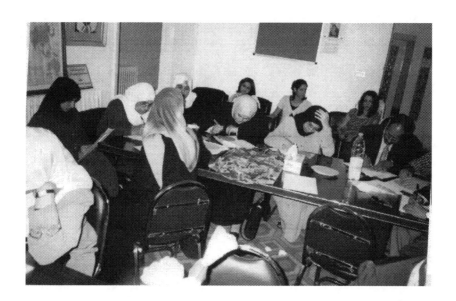

أسلوب قراءة المشكلة

يرتكز هذا الأسلوب من أساليب حل المشكلات، على أساس التمعن بالمشكلة المطروحة والتركيز عليها من خلال قراءة متمعنة لها.

الخطوات:

أولاً: كتابة المشكلة.

يقوم المعلم في هذه المرحلة بكتابة المشكلة، حيث يوفر هذا محتوى مكتوباً عنها.

ثانياً: تقديم المشكلة المكتوبة.

في هذه المرحلة يقدم الميسر ـ المشكلة المكتوبة للطلاب، وعند تقديم المشكلة، يوضح المعلم الأعمال التي على الطلاب القيام بها أثناء القراءة ومن الأمثلة على ما يمكن أن يطلب أثناء قراءة المشكلة ما يلي: -

أ-   وضع عدد من الأسئلة.

ب- تحديد الكلمات أو المفاهيم أو الأفكار الرئيسة.

ج- بناء عدد من الفرضيات.

د- كتابة عدد من الأسباب الكامنة وراء المشكلة.

ه- كتابة عدد من الحلول الممكنة للمشكلة.

ثالثاً: بعد انتهاء فترة القراءة المحددة يقوم المعلم بتنظيم عملية عرض النتاجات المتمثلة بما قام بـه الطلاب أثناء عملية القراءة.

مزايا أسلوب قراءة المشكلة:

1- يمنح المتدرب فرصة للتفكير الذاتي بالمشكلة.
2- يوفر صورة موثقة عن المشكلة.
3- يمكن الرجوع للوثيقة مرة أخرى.
4- يقلل فرص نسيان معلومات هامة عن المشكلة.

أسلوب استبانة المشكلة

تقوم فكرة هذا الأسلوب على أساس، استطلاع رأي مجموعة من الناس بالمشكلة، ولا يقصد من هذا الأسلوب استطلاع احتياجات الناس، وإنما استطلاع رأي الناس بجانب أو أكثر فيما يتعلق بالمشكلة مدار البحث.

ولكي نكون أكثر تحديداً نقول: استطلاع آراء النساء فيما يتعلق برؤيتهم الخاصة بحلول المشكلة .

الخطوات:

1- تحديد المشكلة.
2- بناء الاستبانة.
3- اختبار الاستبانة.
4- استخدام الاستبانة.
5- تفريغ النتائج.
6- ترتيب الحلول المحصلة حسب درجة تكرارها.

1- تحديد المشكلة

في هذه المرحلة يقوم الميسر بالتعاون مع الجماعة بتسمية المشكلة، وتعريفها، وبيان ملامحها الرئيسة، وغالباً ما يتصف هذا النوع من المشاكل بشدة الازعاج واتساع نطاق التأثير على الأفراد والمجتمع. وبمعنى آخر تعتبر المشكلة مشكلة مجتمعة.

2- بناء الاستبانة

في هذه المرحلة، يصار إلى بناء أداة جمع المعلومات من المجتمع المحلي، وتشمل الاستبانة على عدد من الأسئلة المدروسة، وذات العلاقة بالمشكلة.

3- اختبار الأستبانة

في هذه المرحلة، يصار إلى اختبار الاستبانة عن طريق تجريبها على عينة من الجمهور، لتحديد مدى ملائمة الأسئلة، وتسلسلها، وتحديد المدة اللازمة لملئ الاستبانة ومن ثم يصار إلى تعديل الاستبانة إن لزم في ضوء نتائج الاختبار.

4- استخدام الاستبانة

تقسم هذه المرحلة إلى الخطوات الفرعية التالية:

أ- اختيار فريق البحث وتدريبه على استخدام الاستبانة.

ب- وضع خطة تنفيذية تشتمل على موعد انطلاق عملية جمع المعلومات.

ج- تنفيذ الخطة، ويشمل على جمع المعلومات من الفئة المستهدفة.

5- تفريغ النتائج

وفي هذه المرحلة، يتم مراجعة الاستبانات المجمعة، وترقيمها، واستخراج، وتصنيف، وتحليل المعلومات، وكتابة تقرير ختامي.

6- ترتيب الحلول حسب درجة تكرارها

في هذه المرحلة، يصار إلى تحديد، وترتيب، أكثر الحلول التي حازت على تكرار أكبر (الترتيب من التكرار الأكبر إلى الأقل).

أنموذج على استبانة مشكلة

استبانة مشكلة
(القمامة المكشوفة أمام المنزل)

رقم الاستبانة: (   ) جنس المبحوث (   ) ذكر   (   ) أنثى

العمر: (   ) سنة.

1) كيف يتم تصريف القمامة المنزلية لديكم؟

2) كم من الوقت تبقى القمامة المنزلية أمام منزلكم؟

3) لماذا تتركون القمامة مكشوفة أمام منازلكم؟

4) ما هي آثار وضع القمامة مكشوفة أمام منازلكم؟

5) كيف ترون حل هذه المشكلة؟

-

-

-

-

-

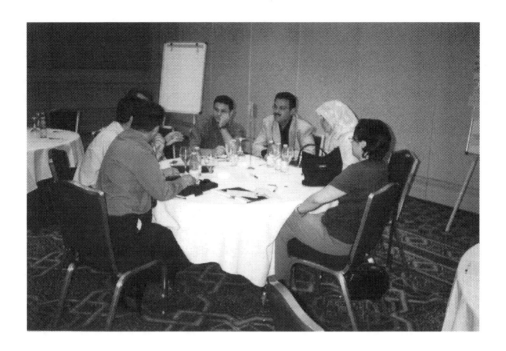

تبادل الخبرات بين المعلمين حول
أساليب حل المشكلات

أسلوب المدخل الفردي

تقوم فلسفة هذا الأسلوب على أساس إقامة الفرصة للمتعلم، وبشكل فردي للتمرس على حل المشكلة، وفيما يلي أبرز ملامح هذا الأسلوب:

1- يعمل المتعلم بشكل مستقل.

2- يختبر المتعلم قدراته الذاتية.

3- يحدد المتعلم نقاط قوته، ونقاط ضعفه.

يمر أسلوب المدخل الفردي في حل المشكلات بمجموعة من المراحل:

1- مرحلة تقديم المشكلة

يتم في هذه المرحلة تقديم المشكلة المراد حلها للمتعلم، وتعريفه بها، وتقديم المعلومات الأولية اللازمة.

2- مرحلة الدراسة الأولية

في هذه المرحلة يبدأ المتعلم بوضع خطة أولية لحل المشكلة وتشتمل الخطة على الدراسة الأولية واستكمال الفجوات المعلوماتية إن وجدت، ووضع خطة زمنية وتحديد الموارد اللازمة للحل إلى جانب الكلفة أن ترتب على ما سيفعل أية تكاليف.

3- مرحلة الشروع بحل المشكلة

وتتمثل هذه المرحلة بتنفيذ الخطة التي وضعها المتعلم لحل المشكلة.

4- مرحلة تقديم النتائج

وفي هذه المرحلة يقدم المتعلم النتائج التي توصل إليها والمتمثلة بالحل الذي توصل إليه. يلي ذلك مناقشة الحل من أبعاد مختلفة مثل: درجة ملائمة العلم، وعقلانيته، وكلفته، والخبرات التي تحصل عليها المتعلم. ولتفعيل استخدام

أسلوب المدخل الفردي في حل المشكلات، فقد يلجأ المعلم إلى تقديم مشكلة واحدة إلى أكثر من طالب وذلك بهدف مقارنة الفروق الفردية في معالجة المشكلة الواحدة.

مثال:

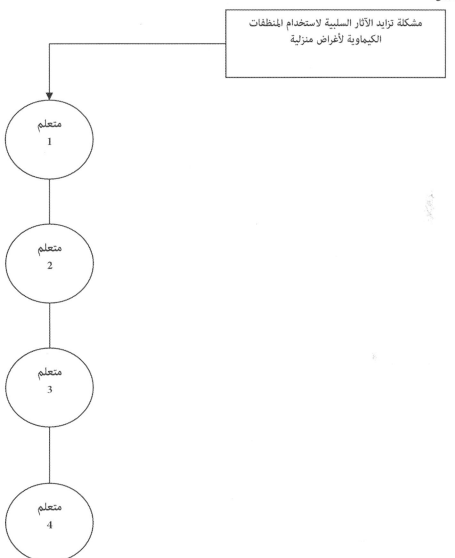

مشكلة تزايد الآثار السلبية لاستخدام المنظفات الكيماوية لأغراض منزلية

متعلم 1

متعلم 2

متعلم 3

متعلم 4

استخدام أساليب حل المشكلات يتطلب التدريب
لإمتلاك مهارات عديدة منها أساليب جمع المعلومات
والبيانات وتبويبها وتحليلها وتفسيرها

أسلوب الثنائي لحل المشكلات

في هذا الأسلوب يعمل المتعلم مع متعلم آخر على حل المشكلة وهو أسلوب يختلف عـن المدخل الفردي في الكثير من الجوانب.

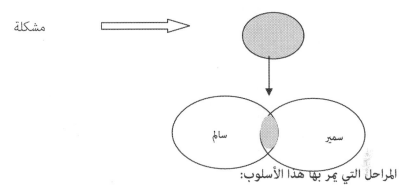

مشكلة

سالم   سمير

المراحل التي يمر بها هذا الأسلوب:

1- تشكيل الثنائي.

2- تقديم المشكلة.

3- اعتماد خط سير العمل.

4- مرحلة العمل الفعلي لحل المشكلة.

5- مراجعة النتائج .

6- عرض ومناقشة النتائج.

من مزايا هذا الأسلوب

1- يختبر كل متعلم درجة استعداده للعمل مع شريكه.

2- يتعلم كل متعلم خبرات جديدة من الطرف الآخر.

3- اكتساب مهارة الإقناع والاستماع.

4- يتعلم الاثنان مهارة خاصة بكيفية التوليـف بـين الأفكـار والآراء المختلفـة وكيفيـة إخراج شكل ثالث من أشكال الإنتاج الفكري وبحيث يكون هـذا الشكل شـكلاً ليس بالضـرورة منتمياً لأي من الشريكين فهو أي هذا الشكل هو مزيج من جهديهما معاً ولا يخص واحداً بعينه.

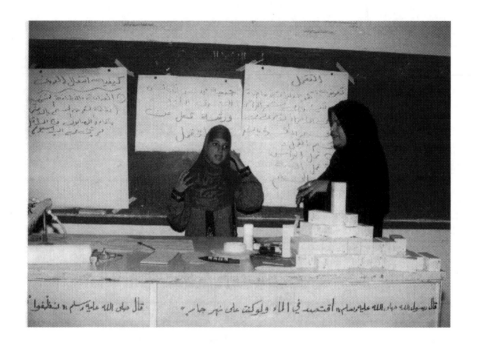

تناول مشكلات معاشة وإخضاعها للمعالجة الصفية

أسلوب المجموعات الصغيرة

تقوم فكرة هذا الأسلوب على حل المشكلة مـن خـلال عـدد مـن المتعلمـين الـذين يتوقع منهم أن يعملوا معاً ضمن مناخ معين لحل المشكلة.

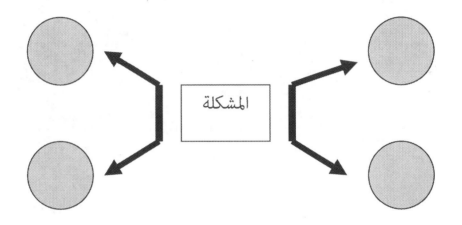

مراحل استخدام أسلوب المجموعات الصغيرة

1- تشكيل المجموعات .

2- توزيع الأدوار .

3- توضيح الأدوار .

4- تقديم المشكلة.

5- عمل المجموعة.

6- تقييم وتقديم النتائج .

وفيما يلي شرحاً مبسطاً عن كل مرحلة من المراحل:

تشكيل المجموعات:

يتضمن تشكيل المجموعات ما يلي: -

● شرح الغرض من تشكيل المجموعات .

● الاعلان عن عدد المجموعات.

● الاعلان عن عدد أفراد المجموعة الواحدة.

● الإعلان عن الأدوار المطلوبة داخل المجموعة الواحدة.

● الوقت المتاح للعمل.

● استعراض قواعد العمل داخل المجموعات.

■ **توزيع الأدوار.**

يتم توزيع الأدوار بطريقتين

● تولي توزيع الأدوار.

● تولي المجموعة توزيع الأدوار.

أما فيما يتعلق بالأدوار المطلوبة داخل المجموعات التي تشكل لغايات حل المشكلات فيه على النحو التالي:-

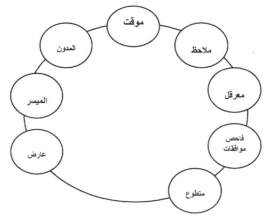

وفيما يلي وصفاً لمضامين كل دور من الأدوار.

- **الميسر**

عمله الرئيس ضمان عمل الجماعة على تحقيق الهدف (حل المشكلة) وضمان مشاركة الجميع والمساهمة في حل ما يعترض الجماعة من مشكلات في حل المشكلة.

- **المدون**

عمله الرئيس توثيق القرارات والأعمال والنتائج والحلول، وغيرها التي تتوصل اليها الجماعة وبشكل واضح.

- **الموقت**

عمله الرئيس معرفة الوقت المتاح لحل المشكلة ولفت انتباه الجماعة إلى مسألة الوقت وإدارته بشكل فعال.

- **الملاحظ**

عمله الرئيس تدوين أية ملاحظات على كل ما يتعلق بالجماعة والعمليات التي تحدث.

- **المعرقل**

عمله الرئيس عرقلة الجماعة من فترة لأخرى وذلك بهدف جعل الجماعة تتوقف لإعادة النظر فيما انجزته، إذن العرقلة هنا عرقلة ايجابية غرضها تحسين عمليات الجماعة.

- **فاحص موافقات**

عمله الرئيس أن يفحص القرارات التي تتوصل اليها الجماعة فيما يتعلق بحل المشكلة والفحص هنا بمعنى أن الفاحص يسأل مجموعة من الأسئلة ويقوم بدراسة وتحليل القرارات أولاً بأول.

● **متطوع**

عمله الرئيس توفير احتياجات الجماعة أثناء عملها على حل المشكلة.

● **العارض**

عمله الرئيس توفير آلية لعرض نتاجات عمل الجماعة (حل المشكلة).

■ **تقديم المشكلة**

تتضمن هذه المرحلة قيام الميسر بما يلي:

● تقديم المهمة (المشكلة) المراد حلها.

● شرح المهمة شرحاً وافياً.

● تقديم المعلومات الأولية.

● الإجابة عن الأسئلة والاستيضاحات.

■ **عمل المجموعة**

تتضمن هذه المرحلة ما يلي:

● توزيع الأدوار.

● انطلاق العمل.

● الإغلاق.

● التقويم المرحلي. (ذاتي من قبل كل مجموعة)

■ **تقديم وتقييم النتائج**

وتشتمل هذه المرحلة على قيام الميسر والمجموعات بتقييم عمل المجموعات مع التركيز هنا على آلية العمل والدروس المستفادة، يلي ذلك قيام كل مجموعة بتقديم ومناقشة الحل الذي توصلت إليه.

أسلوب المجموعات الصغيرة يضمن توافر
فرص وأفكار متنوعة لحل المشكلة الواحدة

أسلوب الدرج (ذو العتبات السبع)

تقوم فكرة أسلوب الدرج (ذو العتبات السبع) كأحد أساليب حـل المشكـلات عـلى أسـاس التدرج في حل مشكلة ما فالفكرة هنا هي التدرجيـة القائمـة عـلى أسـاس انجـاز مرحلـة تلـو أخـرى يقابلها بالعامية (العتبة).

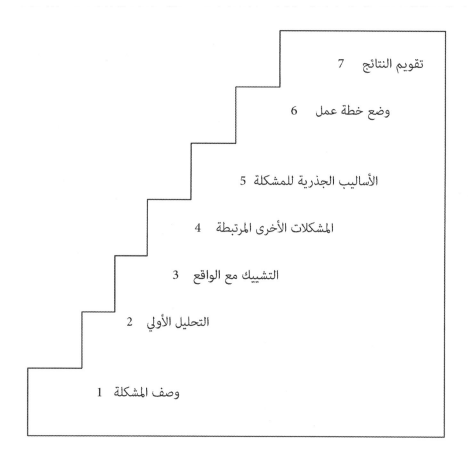

7   تقويم النتائج

6   وضع خطة عمل

5   الأساليب الجذرية للمشكلة

4   المشكلات الأخرى المرتبطة

3   التشبيك مع الواقع

2   التحليل الأولي

1   وصف المشكلة

تحليل مكونات (العتبات السبع)

● وصف المشكلة

عند هذه العتبة يتم وصف المشكلة والسؤال الرئيس هنا هو ما الذي يحدث؟ ما هي المشكلة التي نحن بصددها، ويتضمن ذلك وصفها بكلمات محددة لإبرامها وتحديد معالمها الرئيسة.

مثال: (الأولاد الذكور يهربون من المدرسة لمزاولة أعمال في السوق كبيع الخضار والدخان وغيرها)

إذا ما حللنا الوصف السابق فإنه يبدو لدينا بعض الوضوح ولكن هذا غير كاف عند ذلك نستعين بالأسئلة التوضيحية مثلاً:

- أولاً من.
- حجم معدل الهروب (حجم الهاربين).
- مدرسة واحدة أم جميع المدارس.
- تحديد السوق.
- بيع خضار ودخان.

لاحظ أن ما تقوم به في هذه المرحلة لا يعتبر تحليلاً للمشكلة وإنما إخراج وصف واستكمال فجوات في وصف قائم.

● التحليل الأولي

عند هذه العتبة علينا أن نجيب على السؤال التالي: لماذا يحدث ما يحدث؟ لماذا يلجأ الأولاد للهروب من مدرستهم وتمدنا الإجابة على هذا السؤال بعدد من المعطيات وقد تكون بعض الإجابات على هذا السؤال من مثل:

- لأنهم لا يؤدون واجباتهم المدرسية.
- لأنهم ضعاف في التحصيل.
- لأنهم يكرهون معلميهم.

- لأن أهاليهم يطلبون منهم ذلك.

- لأنهم يقلدون بعضهم.

- لأنهم بحاجة للنقود لشراء احتياجاتهم.

- **الحياة الحقيقية:** هل يحدث مثل هذا في الواقع؟

- **المشكلات ذات الصلة:** ما هي المشكلات التي يؤدي إليها هذا الواقع؟

- **الأسباب الجذرية:** ما هي الأسباب الجذرية لهذه المشكلات؟

- **تخطيط العمل :** ماذا نستطيع ان نفعل معاً لحلها أو منعها؟

(ونستبدل "هذا" و"هذه" بجمل تلخص ما تتوصل اليه المجموعة).

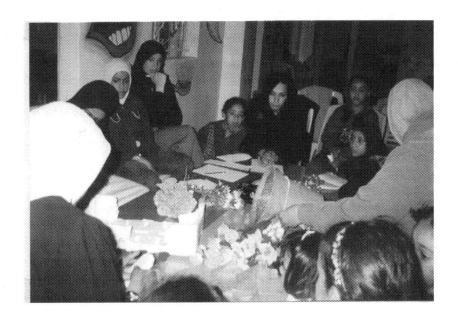

استثمار وتوظيف المداخل الشعبية في حل المشكلات

أسلوب المصادر المحلية

من الأساليب الشائعة في حل المشكلات منذ أقدم العصور ما يعرف بأسلوب المصادر المحلية، والمصادر المحلية بهذا الصدد هي كل الموارد البشرية المتوافرة داخل وخارج المجتمع المحلي سواء الموارد البشرية المحيطة بنا مباشرة كأفراد الأسرة والمعلمين والعاملين في مؤسسات المجتمع المدني أو تلك الموجودة على مستوى المجتمع المحلي الكبير كالمؤسسات والهيئات ودور العلم والمنظمات الإنسانية المختلفة.

ويكتسب هذا الأسلوب أهمية من حيث احتلاله لقيمة ثقافية واجتماعية عالية فالثقافة المحلية لدينا تختزن العديد من المكنونات التي ترفع من قيمة المصادر المحلية في حل المشكلات ولعل المثل القائل (اسئل مجرب ولا تسأل طبيب) خير مثال على ذلك من الأمثال الشعبية الأخرى السائدة المثل الذي يقول (إلي ماله كبير ما إله تدبير)، كما يقول المثل الشعبية "الناس للناس" وهذا صحيح فالناس تعتمد على بعضها البعض في أشياء كثيرة.

دعونا نأخذ بعض أقوال الناس في هذا الصدد "عندما تضيق بي الدنيا واشعر أن الدنيا كلها قد أصبحت سوداء أذهب إلى أمي وأجلس معها. تبدأ كلمات أمي بتغيير نظرتي للأمور ويحل الأمل محل اليأس. نعم أمي هي خير مصدر لي في هذه الحياة".

وقد يكون لك أنت أناس آخرين تلجأ إليهم فقد يكون هذا الشخص:

– والدك.	– صديقك.
– زوجتك.	– استاذك.
– حبيبتك.	– جارك.
– مديرك.	

مزايا أسلوب المصادر المحلية

1- يعتبر أسلوب سهل مقارنة بالأساليب الأخرى.

2- توفير المصادر المحلية أفكار اضافية.

3- الحصول على نظرة مختلفة ازاء المشكلة ومضامينها.

4- التعرف إلى قيم ومثل مختلفة.

5- الحصول على مسارات تفكير جديدة.

6- غير مكلف مادياً.

قائمة المصادر المحلية الفردية المعينة على حل المشكلات.

ضع إشارة ( ) في الصندوق المحاذي لكل مصدر من المصادر التالية:-

☐ الذات	☐ صديق
☐ الأب	☐ الأم
☐ الأخ الأكبر	☐ الأخت الأكبر
☐ أحد الجيران	☐ مدرس
☐ والد صديق	☐ زميل في العمل
☐ المدير	☐ طبيب مختص
☐ الجد	☐ الجدة
☐ العم	☐ الخالة
☐ نائب	☐ المختار
☐ الحبيب/الحبيبة	☐ عاملون في جهة ارشادية
☐ كاهن كنيسة	☐ أمام مسجد

المصادر المحلية المؤسسية

☐ البرامج التلفازية بأنواعها المختلفة والمخصصة لحل المشكلات.

☐ البرامج الإذاعية.

☐ زوايا الصحف والمجلات.

☐ المرشدون في المؤسسات الزراعية والتعليمية والصحية.

☐ العاملون في مراكز الإرشاد في المنظمات المتخصصة.

خطوات استخدام أسلوب المصادر المحلية.

1- تحديد طبيعة المشكلة التي تواجهها.

2- جمع المعلومات عن المصادر المحلية.

3- تحديد المصدر المحلي حسب طبيعة المشكلة.

4- الاتصال مع المصدر المحلي.

5- الحصول على الاستشارة المطلوبة.

6- تقويم الاستشارة المقدمة.

7- تنفيذ الاستشارة.

8- تقويم التنفيذ.

أسلوب توليد الأفكار

الصعوبة الرئيسة التي تواجهها عند توليد أفكار جديدة للمساعدة في حل المشاكل هي التخلص من الطرق المعتادة التي تربط بها المعلومات. "فمنطق الخبرة" هذا يعيقنا عن ربط المعلومات بطرق غير معتادة. إذ أننا نجد من الصعب علينا بناءً على هذا المنطق أن ننظر إلى الأوضاع المعروفة بطريقة جديدة. وعليه فإن الربط للمعلومات والأفكار المختلفة الذي يبدو غير مهم ربما يستثنى أو لا يثار في الذاكرة عن قصد نظراً لضعف ارتباطه بالوضع أو الموقف. وتكون نتيجة ذلك أننا نفشل في تقصي جميع الطرق المحتملة للحل. وسوف تساعدك التقنيات الموضحة في التغلب على هذه القيود.

تقنيات مختلفة.

هناك العديد من التقنيات المختلفة التي يمكن أن تساعد في توليد الأفكار بعضها يعتمد على الاستراتيجيات العقلية وبعضها الآخر يعتمد على الأساليب الأكثر ميكانيكية أو آلية. فالتركيز هنا منصب على كمية الأفكار المنتجة لا على نوعيتها. وهذا يمنحنا عدداً كبيراً من الأفكار التي يمكننا أن نستخدمها في وضع حلول سيتم تقييمها في وقت لاحق.

والعنصر المهم في استخدام جميع هذه التقنيات تقريباً هو أن نعلق أو نؤجل حكمنا على الأفكار والذي يعني تجنبنا المتعمد لأي نوع من أنواع التقييم. إذ أن تقييم الأفكار يحد من الخيال ويمنع الدماغ من إقامة علاقات غير عادية وربما مفيدة بين المعلومات. فمثلاً يكون من السهل أحياناً أن نأتي بأفكار غير عادية أو غير مسبوقة عندما نعرف بأننا نفعل ذلك من قبيل "اللعب". ولكننا عندما نواجه مهمة جدية فإننا نطرح هذه الأفكار إما بوعي أو بغير وعي نظراً لأنها غير مرتبطة بحل علمي.

ولذا يجب عليك أثناء عملية توليد الأفكار أن تفكر بطريقة مرحة ومازحة بأن تعلق عمداً اصدار الحكم عليها. وكإجراء تنشيطي مفيد يمكنك أن تمارس تمريناً على الطلاقة لوضعك في حالة أو مزاج ذهني مناسب.

بناء قدرات المعلمين في مجال توليد الأفكار

أسلوب تمارين الطلاقة

نعني بالطلاقة سهولة توليد الأفكار. وهناك العديد من تمارين اللعب البسيطة للتدرب على التخيل يمكن أن تساعد في تحسين الطلاقة وعلى الرغم من أن هذا التنمي ليس دائماً ثابتاً إلا أن لهذه التمارين فائدة كبيرة كإجراءات منشطة لتقنيات أخرى أكثر فاعلية في توليد الأفكار. ففي الحل الجماعي للمشكلة تخدم هذه التمارين المنشطة الغرض الإضافي المتمثل في التغلب على تحفظ الأفراد على التعبير عن أفكار غير عادية.

تعتبر تمارين الطلاقة بسيطة حيث تتطلب منك ان تكتب عدد ممكن من الأفكار في وقت قصير يكون عادة عبارة عن دقيقة أو دقيقتين. ومن الأمثلة على ذلك أن تختار شيئاً معروفاً وأن تذكر أكبر عدد ممكن من استخداماته في ذلك الوقت. ومن الأمثلة الأخرى أيضاً أن تتخيل موقفاً غريباً وتكتب جميع العواقب التي يمكن أن تترتب عليه مثل ماذا يحدث لو أنك استيقظت ذات صباح لتجد كل شيء يعتمد على الكهرباء قد توقف عن العمل؟

كما ان المرونة في التفكير يمكن أن تظهر في هذه التمارين. فكلما كانت أفكارك أكثر ومتشعبة كان تفكيرك أكثر مرونة. أن الطلاقة والمرونة تزدادان مع التدرب والممارسة ولذا عندما يكون لديك بعض الوقت للاسترخاء فإن هذه التمارين تكون مسلية وجديرة بالاهتمام.

أسلوب الربط الحر

يتمثل هذا الأسلوب بإطلاق العنان للتفكير بدون أن يكون هناك وجهة مقصودة، بمعنى أنك تذكر أول شيء يخطر في ذهنك استجابة لكلمة محفزة أو رمز أو فكرة أو صورة ثم نستخدم هذه الأشياء كمحفز مكرراً بسرعة هذه العملية مرات عديدة لتولد سلسلة من الارتباطات. والشيء المهم هو أن تتجنب الربط بين هذه الأفكار المتتابعة. إذ أن ذلك يشجع العفوية وظهور أفكاراً لا تمت كثيراً بصلة إلى الكلمة المحفزة.

يرسخ الربط الحر بشكل أعمق في الذاكرة مما يساعدك في اكتشاف علاقات بعيدة شبيهة بتلك العلاقات التي تكتشف على استخدام الخرائط الذهنية. وكي تكون الأفكار فاعلة فإنها تحتاج لأن تسجل خطياً أو باستخدام شريط سمعي. وهذا يمكن أن يتعارض مع الانسياب الحر للأفكار ولذا فإنه يتطلب تدرباً وممارسة.

أسلوب المناقشة

من الطرق السهلة جداً للحصول على أفكار اضافية عن المشكلة ان تناقشها مع أشخاص آخرين. فغالباً ما يكون لدى هؤلاء الأشخاص نظرة مختلفة أزاء المشكلة ومضامينها. كما ستكون لديهم قيم ومثل مختلفة. وحتى إذا لم يستطيعوا أن يسهموا مباشرة بأفكار مهمة فإن ما يقولونه قد يثير مسارات تفكير جديدة بالنسبة لك. وعليه فإن مناقشة مشكلتك مع أشخاص آخرين وسيلة مهمة مكملة لأساليب توليد الأفكار الأخرى.

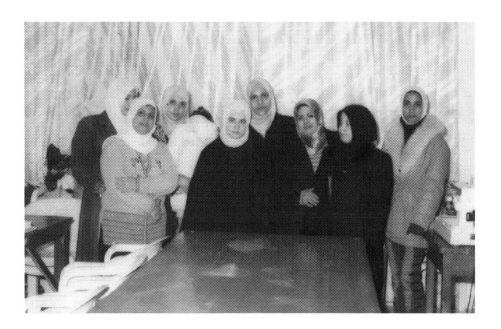

كيف ندرس مادة كاملة بأسلوب حل المشكلات فقط؟

أسلوب ممارسة أحلام اليقظة

هذا الأسلوب مرفوض وينصح بشدة بعدم استخدامه كمهارة تفكير جدية إذ ينعت بأنه خيالي وغير منتج وغير منضبط. غير أنه في الحقيقة أحدى ادوات التفكير الأساسية عند جميع أصحاب الحلول الجيدة، فهو ينطوي على عدة خصائص مهمة منها:

☐ الاسم "أحلام اليقظة" يساعدك في أن تنظر إلى المشكلة كاستراحة للتفكير الحر غير الممنوع.

☐ يمكن ممارسته في الأوقات الحرة.

☐ يتضمن أفكاراً نظرية لإجراءات عملية ولذا لا خطر منه.

☐ يتسم بالسرية ولذا فإنك لست معرضاً للسخرية من جانب الآخرين.

☐ يتضمن غالباً مشاعر وعواطف تضفي بعداً مهماً على تفكيرك.

☐ يمكن معالجة الأفكار بسرعة ويمكن أيضاً التنبؤ بالمعوقات المحتملة.

☐ يمكن تصور المكافآت بوضوح حيث تعمل كعوامل محفزة ومشجعة.

☐ يساعدك في وضع خطط تعدك للبحث عن معوقات وفرص لمساعدتك في تحقيق أهدافك.

يجب أن توجه الممارسة الفاعلة لأحلام اليقظة نحو هدف معين وهو ما يسمى غالباً بالتفكير الحالم. فليس هناك من جريمة في أن تحلم بما يبدو مستحيلاً إذ أن المخترعين يفعلون ذلك دائماً وعليه فإنك إذا استخدمت أسلوب أحلام اليقظة بشكل فاعل فإن ذلك سيساعدك في وضع خطط لتحقيق أهدافك.

أسلوب التصور

تعد تقنيات توليد الأفكار من التقنيات التي تستعمل بشكل كبير في الورشـات التدريبيـة والحصص المدرسية والصفية كما أنها تسـتخدم في أسـاليب التـدريس الحديثة التـي تعتمـد عـلى القدرات التعليمة لدى الأفراد: البصرية والسمعية والحسية.

من أهم هذه التقنيات والتي تعني بشكل كبير بحاسة البصر والقدرة على التخيل الخلاق هي تقنية التصور.

التصور تقنية تستخدم في كافـة الفئـات العمريـة حيـث يتم التفكيـر في المشكلة وحلهـا بشكل بصري خلاق .

توصف هذه التقنية بأنها من أكثر التقنيـات التي بحاجـة إلى مهـارة وتـدريب، حيـث أن استخدام المخيلة ليس بالأمر السهل خاصة إذا كان الفرد قد اعتاد عـلى أسـلوب التلقين الحفظـي. فهي على العكس تماماً مبنية على تخيل وتصور الموقف أو المشكلة ومحاولة حلها بشكل بصري.

التصور والذي يستخدم بشكل فعال مع الأطفال لبناء القدرة التخيلية لديهم وفتح آفـاق التفكير الخلاق يستخدم أيضاً من قبـل الأفراد الراشـدين حيـث تـذكرهم بطفـولتهم وتفسـخ لهـم المجال في التعبير عما يدور في مخيلتهم، كما إن إضافة النكهة الشخصية على المشكلة أو الموضوع يبدو وأنه يستحوذ على تفكير الأفراد حيـث أن كل فرد يتصور ويتخيل الموقف كما يحلو له وهذا ما يميز هذه التقنية.

إننا في النهاية قد نصل إلى حلول متنوعة ذات منطقية عالية. كما أن هذه التقنية لا تحتاج إلى أي أداة تدريبية مساعدة مما يعني تقليل كلفتها. لكن حاجتها لتخيل الموقف أو تصوره قد يحتاج إلى فترة من الزمان والتي يصاحبها الهدوء الإلزامي قد تمتد إلى فترة أطول حتى يستطيع الأفراد التعبير عن ما تصوروه وتوصلوا إليه.

يستعمل التصور في حل المشاكل ذات الطابع الرياضي العلمي أو الهندسي بشكل عام، وقلما يستخدم في حل المشاكل ذات الطابع الإداري أو الإنساني حيث يكون التصور في هذه المواقف غير واضحاً.

ففي حالة وضع معادلة لقياس كمية السجاد اللازمة لفرش درج لولبي فإننا بالبداية نبدأ بتخيل وتصور الدرج في أذهاننا ومن ثم نبدأ وبشكل تلقائي بتجسيم الدرج وإعطائه أبعاد ومن هنا نبدأ بحساب القياسات بشكل تقريبي ومن ثم تطبيقها بشكل واقعي على طريقة الكتابة ومن ثم عرض الأفكار التي توصلنا إليها وبالتالي حل المشكلة.

حل المشكلات ليس عملية سحرية بل هي عملية تتطلب

التعلم والتخطيط وإعمال العقل

أسلوب الحضانة

نسمع كثيراً بالمقولة الشهيرة (نام على المشكلة تصحى على الحل). بـالطبع لم تنشأ هـذه المقولة من فراغ، فإننا جميعاً نعلم ومـن خبرة سـابقة أن مـا نقـوم بدراسـته قبل النـوم نجـده في امتحان اليوم التالي من أكثر ما حفظناه وأدركناه، فنقول باغتنا "تتخمر المعلومه".

– هذا ما يوصف علمياً بمصطلح "حضانة المشكلة" ، فالحضانة هي أن تتوقف عن العمل عـلى حل المشكلة أو القضية لفترة من الزمان، وتلقائياً يتم استيعاب هذه المشكلة من قبل الدماغ فيبدأ بتحليل عناصرها وبناء حلول منطقية لها وعلاقات وأنماط ذات صلة بالحل. فغالبـاً مـا يخطر في الذهن فكرة جديدة أو حتى حل مقبول يظهر بعد فترة الحضانة.

– تمتاز هذه التقنية بأنها تلقائية لإرادية تظهر في العادة بعد أن يفقد الفرد الأمل في الوصول إلى نتيجة أو حل بشكل عملي أو إرادي، فنقول أنها تأتي عند أمس الحاجة إلى الحل. إلا أننا قد لا نملك الوقت الكافي "للنوم على المشكلة" فقد نحتاج إلى الحل بشكـل فـوري أو سريع جداً، وهنا يكمن ضعف هذه التقنية.كما أنه لا يعد دائماً الحل الأفضل.

– إلا أنها ولا شك وسيلة فعالة جداً في الحصول على حلول فنضرب مثلاً الكيميائي الألماني كيلول (Kekule) قد اكتشف التركيبة الحلقية للبنزين بعد أن رأى حلماً لأفعى تعض ذيلها.

وعليه فكلما سمحت لك الفرصة بأخذ فترة مـن الوقت بعد اسـتيعاب كافة المعلومـات ذات الصلة بالمشكلة ومحاولة الوصول إلى الحلول. يساعدك في التوصل إلى نظرة جديدة للمشكلة.

أسلوب القوائم التفقدية

وهذه عبارة عن قوائم لأسئلة تثير التفكير ويمكنها ان تحض على البحث عن معلومات محددة وأن تثير افكاراً معينة. وتعمل القوائم التفقدية الخاصة بتوليد الأفكار من خلال الاستفسار عما ستكون عليه النتيجة إذا ما عالجت المعلومات بطريقة معينة. ويمكن تطبيقها على الأفكار أو الأشياء وتم تطويرها لتخدم اغراضاً متنوعة. ومن الأمثلة المعروفة على ذلك "قائمة التفقد للأفكار الجديدة" التي وضعها اليكس اوزبورن (Alex Osborn) وتتكون من مجموعة من الأسئلة الحافزة أو المثيرة مدرجة تحت العناوين التالية:

- ينطوي على استخدامات أخرى؟
- يمكن تكييفه؟
- يمكن تكبيره؟
- يمكن تصغيره؟
- يمكن الاستعاضة عنه؟
- يمكن اعادة ترتيبه؟
- يمكن عكسه؟
- يمكن دمجه؟

فمثلاً من الأسئلة التي يمكن أن ترد تحت عنوان "يمكن إعادة ترتيبه ما يلي:

- هل يمكن تبديل مكوناته؟
- هل له أنماط أخرى؟
- هل له أشكال أخرى؟
- هل له تسلسل آخر؟
- هل يمكن عكس السبب والنتيجة؟
- هل يغير سرعة سيره؟
- هل يغير جدوله؟

إن قائمة التفقد المثالية هي القائمة التي تعدها أو تكيفها لتستخدمها في وضع معين. ومن القوائم التفقدية التي يمكنك ان تتذكرها بسهولة ويمكن ان تستخدم كأساس لعداد مجموعة اسئلتك القائمة المشتملة على العناوين التالية:-

- هل يمكن الاستعاضة عنه؟
- هل يمكن دمجه؟
- هل له استخدامات أخرى؟
- هل يمكن إزالته؟
- هل يمكن تكييفه؟
- هل يمكن تعديله؟
- هل يمكن عكسه؟

وبهذا نجد أن القوائم التفقدية أسلوب مرن وقد يكون مفيداً جداً تصل إلى طريق مسدود في حل مشكلة ما. ويمكنك أيضاً أن تعد قائمة تتكون من كلمات مثيرة أو ملمحة لمساعدتك في التغلب على العوامل التي تعيق حلك للمشاكل.

أسلوب القياس (الشبه)

أحد المخاطر التي تنطوي عليها عملية حل المشكلة اختيار حل لمشكلة حاليـة لأنـه نجـح في مشكلة مماثلة أو مشابهة في الماضي ومع ذلك فإن القياس يمكـن أيضاً أن يقـدم نموذجاً يبصرنا أكثر بالمشكلة. ومن الأمثلة التي تبين كيف أن القياس يمكـن أن يـؤدي إلى الابداع: تقنيـة الطفو في صناعة الزجاج. فبينما كان "ألسـتر بيلكينجـتن" – Alastair Pilkingto- يغسل الأطبـاق لاحـظ أن الدهون تطفوا على سطح الماء. وعندما تم انجاز تقنية الطفو فقد كانت تتكـون مـن زجـاج مـذاب طاف على طبقة من القصدير المذاب. وعلى نحو مماثل وأثناء مشاركته في احتفال لتصنيع الخمـور لاحظ مخترع البضاعة الألماني "جونز جونتبرغ" الشبه بين معصرة الخمر ومفهوم الطباعة.

وأن عـالم الطبيعـة يزخـر بالأشباه المفيـدة بشـكل خـاص في مجـال الهندسـة والتصـميم. ويمكنك أن تعثر على أشباه، أو قد تجد شبهاً بالصدفة أثناء عملك على حل مشكلة ما.

التدريب النوعي والمتواصل للمعلمين كفيل بتشجيعهم على استخدام أسلوب
التدريس عن طريق حل المشكلات

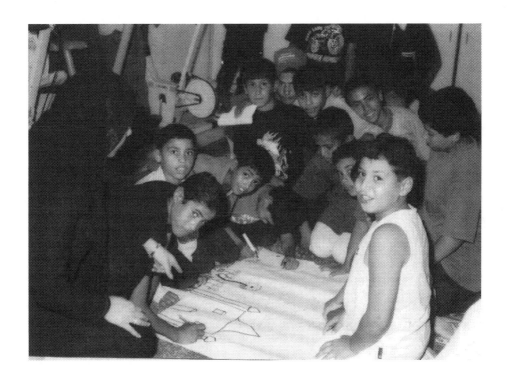

أسلوب التدريس عن طريق حل المشكلات يضع
الطالب أمام تحدٍ

أسلوب سرد السمات

وهو أسلوب تحليلي يستخدم طرق يمكن من خلالها تحسين منتج أو خدمة أو نظام معين. ويتكون من ثلاثة مراحل:

1- وصف السمات الطبيعية لكل عنصر من عناصر الشيء.

2- وصف وظائف كل عنصر.

3- فحص كل عنصر بالتناوب لمعرفة ما أن كان تغيير سماته الطبيعية سيُحدث تنمية في وظيفته.

ومن الأمثلة البسيطة على هذا الأسلوب: المفك، فهو أداة لها أشكال عديدة محسنة بما في ذلك اشتماله على سلك ومصباح صغير لاكتشاف التيار الكهربائي واشتماله على عدة نهايات لفك الاشياء اضافة إلى الشفرات المغناطيسية وآليات التدوير.

ويمكن أيضاً استخدام أسلوب سرد السمات للبحث عن نواح بديلة لاستخدام المنتج أو الخدمة وذلك بالبحث عن تطبيقات لسمات محددة. فمثلاً سمات الألياف البصرية جعلتها مفيدة في مجالات متنوعة كالاتصالات والطب وإنارة المعارض.

ثمة استخدام آخر لأسلوب سرد السمات يتمثل في تحليل القيمة. وهذا يتضمن النظر إلى تكلفة كل عنصر من عناصر الشيء بالنسبة للوظيفة التي يؤديها. وبعد إجراء هذا التحليل يمكن طرح العناصر غير المتناسبة مع التكلفة مقارنة بالوظائف التي تؤديها أو يمكن إيجاد طرق للتقليل من تكلفتها. والهدف من ذلك هو مقارنة نسبة القيمة إلى التكلفة.

وهناك استخدام رابع لسرد السمات يتمثل في تحليل الأنظمة لإيجاد جوانب للتحسين المحتمل. فمثلاً يمكن تكليل سمات فضلات منتج معين للبحث عن طرق يمكن أن تستخدم بها كمادة أولية لمنتج آخر أو كمنتج جديد. ويمكن أن يستخدم هذا المنتج أيضاً أجزاء من نظام الإنتاج الموجود.

كثير من المشكلات الموجودة في العالم العربي
هي نتيجة لعدم قيام المدرسة بدورها في تعليم الطلاب
أساليب حل المشكلات

أسلوب حل عامة الناس

إحدى طرائق حل المشكلات هو جعلها عامة، بمعنى توعية المجتمع المحيط بالفرد أو المؤسسة بهذه المشكلة واستسقاء الحلول منه، مما سيؤدي بالطبع إلى التفكير بحل هذه المشكلة على مستوى فكري متعدد عدا عن المستوى الشخصي.

يتم استخدام هذه الطريقة بوسائل عدة كتعليق وصف للمشكلة على لوح الإعلانات أو طرحها في الجريدة الدورية للمؤسسة أو أي طريقة مكتوبة أخرى تستخدم في المؤسسة أو المجموعة مع العمل على أن تكون الاقتراحات والحلول تعاد إاليك وبنوع من السرية.

وعليه فإن استراتيجية هذه الطريقة تكمن في أن الحلول تصدر من أكثر ن جهة مفكرة: مستقلة، أو حصل بينها نقاش. ففي المشاكل التي تطرح فيها مواضيع مثل الضائقة المالية أو ضعف المهارات الشخصية أو النوعية لدى الفرد فقد يكون الاتجاه العام في حل المشكلة يركز على إعطاء حلول، أكثر من كونه يلوم الفرد على احتوائه لهذه الصفات.

أسلوب تعليق المشكلة أو القضية على لوحة الإعلانات تعد من أكثر الوسائل التي تستخدم لحل المشكلات بأسلوب عامة الناس لأنه وبشكل بسيط يحفز الناس على المشاركة بشكل تلقائي في حل المشكلة، كما أن القارئ في العادة قد يتحمل المسؤولية في إعطاء الحل بالإضافة إلى سرعة انتشارها بين أكثر عدد من أفراد المؤسسة أو المجموعة.

الإيجابيات

تحديد المشكلة ودراسة أسبابها بشكل معمق

السلبيات

- طول المدى
- التكلفة العالية

يمتلك الطلاب مهارات ومعلومات وخبرات مختلفة
وهذه ميزة على المعلم توظيفها لخدمة التدريس
بأسلوب حل المشكلات

أسلوب المواجهة

تقوم فلسفة هذا الأسلوب على اساس من المثل الشعبى القائل (دق الحديد وهو حامي) وعلى عدم الاختباء أو الهروب عن المشكلة التي نواجهها. ويستخدم هذا الأسلوب كثيراً في سياق معالجة المشكلات المرتبطة بالعلاقات الإنسانية كالخلافات الزوجية والخلافات الناشئة في جو العمل، ومن فوائده تقوية الشخصية وتعويدها على المواجهة وعدم ترك المجال لتأزم وتطويق المشكلة.

أما خطوات استخدام الأسلوب فهي كالاتي:

تحديد المشكلة
تحديد الأطرف الأخرى
الاستعداد للاتصال بالأطراف الأخرى
(تحين الوقت والظروف المساعدة)
إجراء الاتصال مع مراعاة استخدام قواعد
ومهارات الاتصال
تغذية راجعة
إعادة التخطيط لجولة قادمة
حال الخفوق

التدريس بأسلوب حل المشكلات يجعل الطلبة مع الوقت
على درجة عالية من الثقة بالنفس

أسلوب المشكلة / الخطوات

تقوم فلسفة هذه الأسلوب على أساس تحديد المشكلة التي نواجهها ولكن في هذه الخطوة علينا التأكد من أننا نحدد المشكلة مدار البحث تحديداً دقيقاً ثم يلي ذلك الشروع بأعداد الخطوات الكفيلة بايصالنا إلى حل المشكلة.

من فوائد هذا الأسلوب اختصار الوقت وتوجيه الانتباه والتركيز على مسألة المعالجة ولكن من مساوئه تعرض عملية تحديد المشكلة في غالب الاحيان إلى نقص فيما يتعلق باستكمال جوانب التحديد الدقيق للمشكلة الأمر الذي يتطلب احياناً وجود خبراء في تحديد المشكلة ويظهر هذا الأمر واضحاً عند حديث الناس عن مشاكلهم النفسية كقول فلان أنا مصاب باكتئاب حاد.

نموذج اسلوب المشكلة – الخطوات

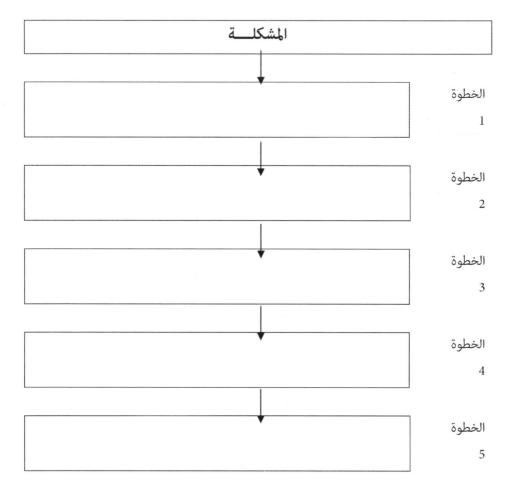

المشكلـــة

الخطوة
1

الخطوة
2

الخطوة
3

الخطوة
4

الخطوة
5

أسلوب الأسئلة المتلاحقة

1. من أنت ؟ أكتب فقرة.

```
┌─────────────────────────────────────────────┐
│                                             │
│                                             │
│                                             │
│                                             │
└─────────────────────────────────────────────┘
```

2. ما هو العنوان الذي بإمكانك وضعه للمشكلة التي تواجهها؟ كن محدداً جداً.

```
┌─────────────────────────────────────────────┐
│                                             │
│                                             │
│                                             │
│                                             │
└─────────────────────────────────────────────┘
```

3. ضع وصفاً لهذه المشكلة؟

```
┌─────────────────────────────────────────────┐
│                                             │
│                                             │
│                                             │
│                                             │
└─────────────────────────────────────────────┘
```

4. لماذا هي مشكلة لك ؟

أ.

ب.

ج.

د.

5. ما هو مصدر هذه المشكلة ؟

☐ العمل

☐ الاسرة

☐ أنا نفسي

6. متى بدأت هذه المشكلة ؟

7. من الذي يشاركك هذه المشكلة ؟

8. هل أنت الوحيد المتضرر من هذه المشكلة ؟

9. حدد أهم الآثار التي بدت عليك مع هذه المشكلة ؟

10. كيف كانت حالتك قبل ظهور المشكلة ؟

11. كيف هي حالك الآن مع وجود المشكلة ؟

12. هل هي مشكلة آخذه بالتضخم أم بالاستقرار ؟

13. ما هو أول شئ اتخذته عندما ظهرت المشكلة ؟

14. ما هي باعتقادك الاسباب التي أدت إلى وجود المشكلة ؟

15. صف حالك عندما تصل إلى وضع تكون فيه قد تخلصت من هذه المشكلة؟

16. ما هي نقاط قوتك في مواجهة هذه المشكلة ؟

17. ما هي نقاط ضعفك في مواجهة هذه المشكلة ؟

18. ما الفرق بين نقاط قوتك ونقاط ضعفك فيما يتعلق بمواجهة هذه المشكلة؟

19. حدد الفجوة التي لديك فيما يتعلق بمواجهة هذه المشكلة ؟

20. الآن قم بكتابة هذه الفجوة ؟ كن محدداً.

21. اكتب المصادر التي يمكن لك الاعتماد عليها لردم هذه الفجوة ؟

22. قم برصد الخطوات التي ستنتجها لحل المشكلة.

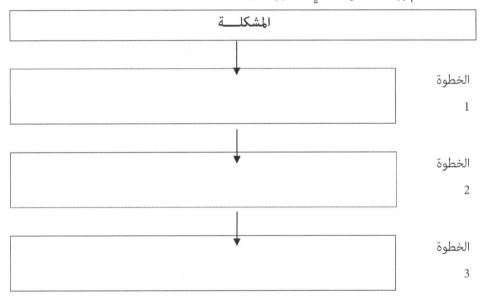

المشكلــــة

الخطوة

1

الخطوة

2

الخطوة

3

أسلوب السيناريوهات الفرضية

يهدف التعليم والتدريب في جملة ما يهدفان إليه إلى تجهيز الأفراد للمستقبل ولمواجهة التحديات والصعاب التي من المتوقع أن يواجهونها. وفي التدريب بشكل محدد فإن مشاركة أحد الأفراد في برنامج تدريبي من المتوقع أن يمكنه من اكتساب مجموعة من المعارف والمهارات والاتجاهات لتوظيفها في عمله بعد انتهاء البرنامج التدريبي ومن هنا تأتي أهمية أسلوب السيناريوهات الفرضية كأحد أساليب تعليم مهارة حل مشكلة عن طريق استحضارها ذهنياً ومحاولة كما يقال "عيشها" الآن والتمرس على حلها استعداداً لحلها في حال مواجهتها أو وقوعها.

تعريف أسلوب السيناريوهات الفرضية:

هو عبارة عن وضع الفرد في ظل موقف مفتعل أو مصطنع بغرض التمـرس عـلى التكيـف معه عن طريقة استخدام الفرد لعدد من المهارات.

مزايا اسلوب السيناريوهات الفرضية:

1. يفيد هذا الأسلوب بشكل عام في تشجيع الفرد عـلى اكتسـاب المعرفـة والمهـارة اللازمـة لحـل المشكلات بشكل عام والمشكلات التي من المتوقع حدوثها بشكل خاص.

2. اكساب الأفراد الثقة بأنفسهم فعندما يتمرسون على حل المشكلات بهذا الأسلوب فمن المتوقع أن يصحبوا أكثر ثقة بأنفسهم عندما يواجهون فعلاً بهذا المشكلات.

3. يساعد هذا الأسلوب الأفراد على توليد بدائل مختلفة لحل المشكلات.

4. يتعلم الأفراد عبر هذا الأسلوب الكثـير مـن المهـارات كمهـارة اتخـاذ القـرارات وإدارة الوقـت وتقليل الخسائر الناجمة عن المشكلات أو تقليل الخسائر إلى حدود دنيا.

وبالرغم من المزايا المختلفة لهذا الأسلوب إلا أن هناك عدد من المحددات له من مثل:

1. لا يمكن توقع حدوث كل المشكلات.

2. لا يصلح هذا الأسلوب لحل كل المشكلات.

3. من المتوقع أن تحدث لـدى المتـدرب أو المـتعلم مـا يعـرف "بالقولبـة" بمعنـى تعلم انماط وأساليب حل من الصعب التفكير بغيرها.

كيف يستخدم هذا الأسلوب ؟

هناك مفاتيح أساسية للمساعدة في إعداد المواقف ومن هذه المفاتيح.

☐ تخيل نفسك ....

☐ فيما لـو ....

☐ عندما تواجه ....

مراحل استخدام اسلوب السيناريوهات الفرضية:

المرحلة الأولى: تحديد الهدف.

وهنا على المعلم أن يجيب على سؤال اساسي ما الذي سيتعلمه المتدرب جـراء اسـتخدام هذا الأسلوب، أو ما الذي من المتوقع أن يصبح المشارك قادراً على فعله بعد هذا التمرين.

المرحلة الثانية: إعداد السيناريو.

في هذه المرحلة يبدأ المعلم أو المدرب تخيل الموقف الذي يخدم الهـدف ومـن ثـم تخيل وكتابة مسودة أولية للموقف.

المرحلة الثالثة: تقديم الموقف للمتعلم.

وتتضمن هذه المرحلة شرح الأهـداف وتهيئـة المـتعلم للمشكلة مـدار البحـث ومـن ثـم تقديم الموقف للمتعلم ليباشر بمعالجة المشكلة.

المرحلة الرابعة: تقويم المعالجة.

وتتضمن تغذية راجعة من المعلـم للمـتعلم حـول المشـكلة المقدمـة مـن حيـث أسـلوب معالجتها وفجوات المعالجة والمقترحات الكفيلة بتحسين عملية المعالجة وافضل الممارسات الخاصة بحل المشكلة في حال وقوعها.

أسلوب المشكلة - الحلول

أسلوب المشكلة – الحلول

تقوم فكرة أسلوب المشكلة – الحلول كأحد أساليب حل المشكلات على أساس تحديد المشكلة ثم المباشرة برصد الحلول لها ومعنى ذلك أن هذا الأسلوب يعتمد على فكرتين أساسيتين هما:

1. تحديد المشكلة.
2. اقتراح مجموعة من الحلول.

مزايا أسلوب المشكلة – الحلول

1. نظراً لآن هذا الأسلوب لا يتضمن خطوات مفصلة في حل المشكلة فهو كما اشرنا سابقاً يقوم بتحديد المشكلة ثم رصد الحلول وهذا من شأنه أن يختصر الوقت والجهد.

2. يساعد هذه الأسلوب في التركيز على المشكلة من حيث تفهمها وإدراكها إدراكاً وافياً ومن ثم تحديدها الأمر الذي يخدم المرحلة القادمة فكلما كانت المشكلة في هذا الأسلوب محددة كلما كان اقتراح الحلول مثمراً.

وقد يثار الآن سؤلاً هاماً مفاده أن تحديد المشكلة تحديداً جيداً هو متطلب أو خطوة في كل الأساليب المستخدمة في حل المشكلات فهل تحديد المشكلة هنا يختلف عن تحديد المشكلة باستخدام أساليب أخرى، والجواب هو أن تحديد المشكلة هو متطلب لجميع الأساليب المستخدمة في حل المشكلات ولكن في اسلوب المشكلة – الحلول يغدو الأمر مختلفاً من حيث أن تحديد المشكلة سوف يعقبه مباشرة اقتراح الحلول لها ومعنى ذلك أننا مدعون إلى صرف جهد ذهني عالي

الشدة في سبرغور المشكلة اكثر فاكثر لأن الأمر هنا في هـذا الأسـلوب مرتكـز علـى الفهـم المتعمق لها ولا يوجد مراحل أخرى تعقب تحديد المشكلة لمساعدتنا على تحديدها من خلال فهـم الخطوات اللاحقة.

3. كما يساعدنا هذا الأسلوب في توفير مجموعة من الحلول وتوسيع الخيـارات أمـام مسـتخدمي هذا الأسلوب في التعرف إلى طيف واسع من الحلول ومن ثم المعايرة بينها.

نقاط الضعف في أسلوب المشكلة – الحلول

إذا ما تمعنا في هذا الأسلوب قليلاً نرى أن حل المشكلة يسير على النحو التالي:

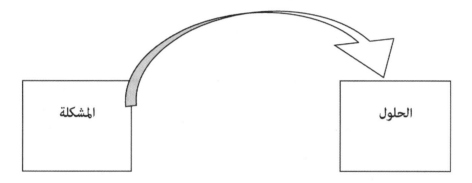

في هذا الأسلوب نقفز من المشكلة إلى الحلول وفي عملية القفز هـذه نـوع مـن الخطـورة تتمثل في حرمان المتعلم فرص التعلم عن عملية حل المشكلة فالتركيز هو على النتاجات.

الاهتمام بالنتاجات لا ينبغي أن يكون

على حساب العمليات

كما أن توفير طيف واسع من الحلول يعني أننا نريد امعان التفكير في المعايرة بين الحلول الأمر الذي قد يعيق من اتخاذ القرار وهذا التأجيل أو التأخير قد لا يكون منسجماً مع المشكلة ذاتها حيث أن بعض المشكلات قد لا تحتمل التأجيل.

خطوات استخدام أسلوب المشكلة – الحلول

تحديد المشكلة

اقتراح الحلـول

حل (1):

حل (2):

حل (3):

حل (4):

نموذج أسلوب المشكلة - الحلول

المشكلة	الحلـول

أسلوب المشكلة – الأسباب - الحلول

يتألف هذا الأسلوب من ثلاثة مفردات يوضحها الشكل التالي:-

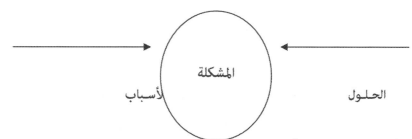

وتقوم فلسفته على أساس من تحديد المشكلة ومن ثم رصد مسبباتها يلي ذلك اقتراح الحلول ويختلف عن أسلوب المشكلة – الحلول في أن هذا الأسلوب يقيم وزناً وأهمية لموضوع الأسباب وبالتالي يؤمن اصحاب هذا الأسلوب بأنه لا بد من تفهم الأسباب الكامنة وراء مشكلة ما وأنه لا يصح اقتراح الحلول إلا بعد أن تكون قد حددنا الأسباب بشكل واضح ومحدد انطلاقاً من المثل القائل.

" إذا عُرف السبب بطل العجب ".

لنأخذ المثال التوضيحي التالي:

تزايد تسجيل حالات
طلاق بين صفوف
المتزوجين في السنة الأولى
لزواجهم
الحلول

الحلول	الأسباب
1. تمسك والد الفتاه بالحصول على بيت مستقل مثل الزواج.	1. سكن الزوجة عند أهل الزوج.
2. عقد برامج ارشادية للمقبلين على الزواج.	2. تدخل أطراف عديدة في حياه الزوجة
3. تعريف الرجل بحقوق الزوجة.	3. حاجة الرجل إلى أن تطيعه الزوجة طاعة عمياء ودون أي ردود فعل حال طلب أمر ما منها.
4.	4. طلب الزوج من الزوجة بيع مصاغها.
5.	5. حاجة الزوجة لزيارة أهلها مع رفض الزوج لذلك.
6.	

مزايا اسلوب المشكلة - الأسباب - الحلول

1. يوفر هذا الأسلوب فرصة لفهم أسباب المشكلة وفهم أسباب المشكلة يعين في الخطوات التي تلي رصد الأسباب.

2. عندما نحدد اسباب مشكلة نستطيع رصد حلول لكل سبب من الأسباب إذا ما تبين أن للمشكلة أكثر من مسبب واحد.

3. يوفر هذا الأسلوب أيضاً الفرصة للمتعلم للتعلم عن الربط المنطقي بين الحل المقترح والمسبب الواحد للمشكلة.

نقاط ضعف الأسلوب

1. من المحتمل أن يصرف المتعلم جهداً كبيراً في رصد الأسباب وقد يفوته الاتيان بأسباب دون أخرى الأمر الذي يتطلب خبره وبصيرة وقضاء وقت في البحث عن الأسباب.
2. قد يميل المتعلم إلى اقتراح حلول وهمية في حال عدم القدرة على تحديد الأسباب.
3. إذا تعددت الأسباب المحصورة كثر بالتالي الحلول المقترحة الأمر الذي يتطلب جهداً أخر إضافي في ترتيب الحلول حسب الأهمية واختيار الحل الأكثر ملائمة وهكذا.
4. يحتاج المتعلم إلى مهارة متقدمة في المفاضلة بين مجموعة الحلول المقترحة للسبب الواحد.

رسم توضيحي لأسلوب المشكلة – الأسباب – الحلول

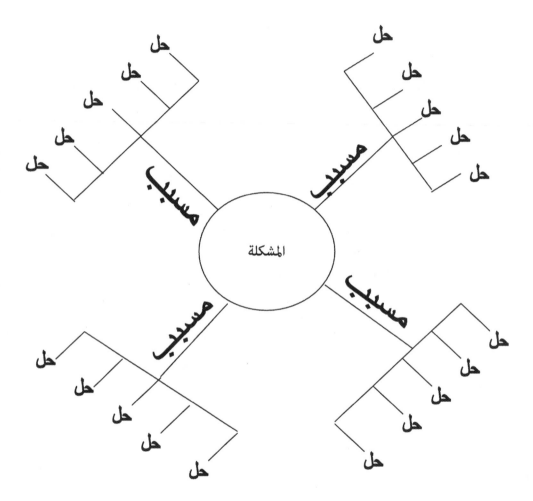

شكل يوضح أسلوب المشكلة – الأسباب - الحلول

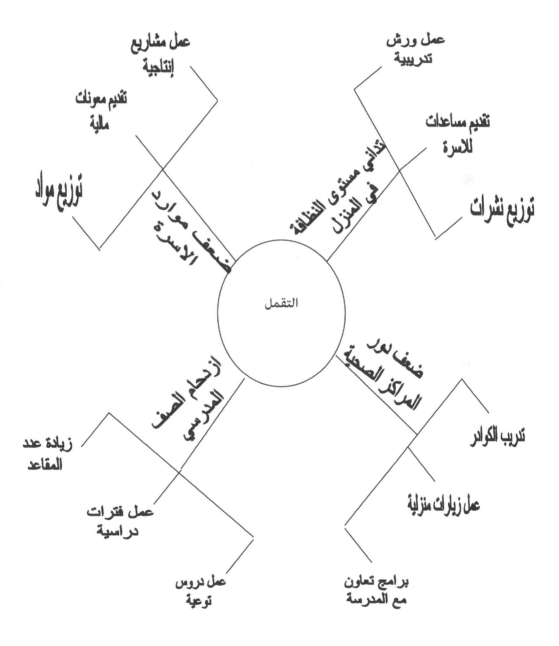

أسلوب مـا بين البداية والنهاية

مقدمة:

في الغالب يحتكم الناس إلى منطق متسلسل لعمـل الاشيـاء فيبـدأون مـن نقطـة بدايـة ويصلون إلى نقطة نهاية ويتعلم الناس هذا المنطق من البيت والمدرسـة وتـدريجياً يبـدأون بوضـع خطط لجميع الاشياء التي يحتاجون إلى إنجازها وفعلها.

ولنأخذ المثال التالي لتوضيح المسالة. عندما ننوي بناء بيت مستقل لنا فإننا نمر بالمراحـل التالية:-

1. توفير المال اللازم لبناء البيت.
2. شراء قطعة أرض.
3. التصميم الهندسي للبناء.
4. الحصول على التراخيص اللازمة.
5. التعاقد مع مقاول.
6. ايصال الخدمات من ماء وكهرباء وهاتف.
7. شراء الاثاث والتجهيزات اللازمة.
8. السكن في البيت الجديد.

أين هي المشكلة التي يحاول هذا الأسلوب حلها ؟

تتمثل المشكلة هنا في أن كثيراً من الناس بالرغم من أنها تضع خطة لما تريد إنجازه إلا أنها لا تستطيع أن تبدأ لسبب من الأسباب كالخوف أو عدم الرغبة بالمجازفة أو عدم توافر الإمكانات المادية أو البشرية لإنجاز المرحلة الأولى ولكن كثيراً من الأمور نستطيع المباشرة فيها ليس من البداية ولكن من المنتصف، أو أي نقطة أو محطة من المحطات الواقعة ما بين نقطة البداية ونقطة النهاية.

أنظر الشكل التالي الذي يبين نقطة بداية ونقطة نهاية. أنك تستطيع البدء من أي نقطة من النقاط الواقعة ما بين النقطتين (البداية والنهاية).

نقطة	نقطة
النهاية	البداية

لقد استخدم المؤلف أسلوب ما بين البداية والنهاية لحل العديد من المشكلات المتعلقة بتأليف الكتب.

ينهج المؤلفون عادة نهجاً متشابهاً في التأليف مع بعض الاختلافات الطفيفة وفيما يلي أبرز مراحل هذا النهج.

1. تحديد فكرة العمل.
2. وضع مخطط أولي لجسم العمل.
3. جمع الموارد والمراجع الاثرائية.
4. إنتاج المقدمة.
5. الشروع بالإنتاج (المتن).
6. مراجعة الإنتاج.

7. التحرير اللغوي والفني والعلمي.

8. التوثيق.

9. الطباعة.

10. النشر.

وعندما كنت أحاول تتبع هذا المنهج كان يظهر عدد من المشكلات أولها.

1. التردد.

2. الخوف.

3. التوقف.

4. هدر الوقت.

وكانت المشكلة الأكثر بروزاً هي كيف أبدأ، وأسأل نفسي هذا السؤال عدة مرات. أن نقطة البداية صعبة جداً وهناك تشعبات فكرية عديدة ومن هنا كنت الجأ إلى أسلوب (ما بين البداية والنهاية).

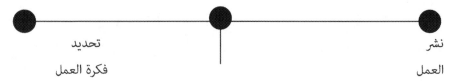

تحديد   نشر

فكرة العمل   العمل

الشروع بالإنتاج (المتن)

فقد كنت أباشر بأعداد المتن وبشكل مكثف ومن فترة لفترة أعود للتزود والإثراء من مصادر اخرى حال توافرها.

أسلوب التفكير العقلاني

مقدمة:

كثيراً ما نخلق لأنفسنا مشكلات مختلفة بسبب الطريقة التي نفكر بها. أن للطريقة التي نفكر بها تأثيرا بالغاً على حياتنا.

أن الذي يحدث احياناً هو أننا نطلق العنان لمخاوفنا من أمور لم تحدث بعد ومن هنا نحكم على أنفسنا بالقلق والتوتر قبل حدوث المشكلة إذن نحن نخلق لأنفسنا مشكلة من لا شيء. لناخذ المثال التالي للتدليل على أهمية أسلوب التفكير المنطقي.

منير شاب يعمل في إحدى الجمعيات الخيرية في مجال تخطيط البرامج والمشاريع الخاصة بذوي الاحتياجات الخاصة. منير سعيد بعمله ويعمل مع باقي الموظفين بشكل جيد وهو على انسجام مع الهيئة الإدارية الحالية للجمعية.

علم منير أن هناك انتخابات قادمة ومن المتوقع أن تحل هيئة إدارية جديدة بدل الهيئة الحالية وهناك اشخاص جدد من المتوقع أن يتسببوا بمشاكل للسيد منير.

بدأ منير يزداد قلقاً يوماً بعد يوم وقد بات الموضوع يحتل جزءاً من تفكيره وبدى عليه الخوف وانعكس ذلك على العديد من سلوكاته وأسئلته العديدة.

- يا ترى هل سابقى في عملي ؟.

- ما الذي سيحدث لي ؟.

- هل سيطردونني ؟.

أن الطريقة التي يفكر بها منير في الوقت الحاضر هي طريقة تفكير غير عقلانية والدليل على ذلك:-

1. الهيئة الإدارية لم تتغير بعد.

2. من الممكن أن تكون مخاوف منير غير موضوعيه حيث من المحتمل أن تكون الهيئة الجديدة أفضل بكثير من الهيئة المحلية.

أن بإمكان منير أن يريح نفسه ويفترض العكس ويؤجل القلق الحالي ويحل محله التفكير المنطقي والعقلاني.

خطوات استخدام أسلوب التفكير العقلاني

1. تحديد مصدر المخاوف.

2. تحديد طبيعة الخبر أو المعلومة أو المعطيات.

3. تحليل المعطيات تحليلاً دقيقاً.

4. مجابهة المعطيات بالتفكير العقلاني الذي يقوم على اساس تبديد المخاوف بالتحليل المنطقي.

5. مواصلة المجابهة.

6. مواجهة الموقف إن حدث.

أسلوب اعتبار كل العوامل

(كل إشي مهم)

فلسفة أسلوب

تقوم فلسفة استخدام أسلوب لحل المشكلات على أساس ما يعرف بالنظرة الشمولية بمعناها الواسع فنحن لا نعيش لوحدنا عل هذا الكوكب فمن حولنا نجد اسرتنا واصدقاؤنا وزملاء العمل وأفراد المجتمع المحلي وجميعهم مصادر جيدة للأفكار والمساعدة.

ويرتبط أسلوب بالمحاور الرئيسة التالية:-

1. الفعل أو العمل .
2. ضع القرارات .
3. التخطيط .
4. الحكم ورسم الاستنتاجات .

اعتبارات هامة عن استخدام أسلوب اعتبار كل العوامل

أولاً: كثيراً ما يصيبنا الملل عندما نجلس لنفكر بكل العوامل من أسباب ومعززات أو قضايا ومسائل ترتبط من قريب أو بعيد بمشكلة من المشكلات. أن الآثار التي يمكن أن يتركها الشعور بالملل السريع من محاولة رصد كل العوامل لمشكلة ما من المشاكل التي نواجهها يجعل أمامنا خيارات صعبة جداً نحو بناء صورة شاملة عن المشكلة ومن هنا يجدر بنا أن نتحلى بالروية والصبر ومحاولة التقصي وجمع اكبر كم من المعلومات عن المشكلة.

أن العقـل البشـري في كثير مـن الاحيـان يـذهب إلى اعـتماد انمـاط محـددة مـن تفسـير المشكلات التي تعترضه مما يفوت علينا فرص التعلم عن المشكلة.

فمثلاً قد نكتفي وبسرعة فائقة من اعتبـار أن أحـد العوامـل الحاسـمة في تفسـير ضـعف أبنائنا في مادة الرياضيات على سبيل المثال لا الحصر هو بسبب صعوبة المنهاج أو بسبب الطالـب ذاته من حيث أنه لا يريد أن يبذل جهداً واضحاً في التعلم عن الرياضيات ونكون بـذلك قـد غفلنـا عن اعتبار عوامل أخرى قد تكون هي السبب الرئيس وراء ضعف أبنائنا في تعلم الرياضيات

وفيما يلي قائمة موسعة بعض الشيء تتعلق بعوامل ذات علاقة بضعف تحصيل أبنائنـا في مادة الرياضيات.

1. صعوبة المنهاج الدراسي.
2. اهمال الاهل وقلة متابعتهم.
3. كثرة الواجبات البيتيه.
4. ضعف المعلمين.
5. عدم استخدام المعلمين لأساليب مختلفة.
6. اهمال الطالب لواجباته.
7. تأثير الرفاق.
8. استخدام المعلم لأسلوب التهديد.

ثانياً: انتقاء أكثر العوامل أهمية.

تتفاوت شدة تأثير العوامل على المشكلة الواحدة فبعضها قد يكون شديد التأثير وبعضها الآخر متوسط الشدة إلى ضعيف الشدة. أن الانتباه إلى أكثر العوامل أهمية يعين على اتخاذ القرارات المناسبة.

ثالثاً: التشاور مع الآخرين من حولنا.

أن علينا ان لا ننسى أهمية الآخرين من حولنا فالبشر يتشاركون بخصائص وسمات مشتركة عديدة وينبغي الاستعانة بمن حولنا لكي يزودوننا بآرائهم ومواقفهم فقد نكون قد غفلنا عن الاتيان بالعديد من العوامل الهامة الأمر الذي قد يذكرنا في الآخرين من حولنا.

رابعاً: ومثلما نهتم بالعوامل التي نعتقد أنها هامة فأن علينا أن نهتم بالعوامل التي همشناها أو قللنا من أهميتها وجرى حذفها.

ويفيد ذلك في أننا غالباً ما نحذف من اهتمامنا عدداً من الأمور ولا نعود للتفكير بها على الاطلاق ولا نقيم لها وزناً بسبب اهمالنا لها غير اننا هنا في أسلوب مدعوون إلى التفكير وبعناية شديدة بكافة العوامل.

أسلوب هيكل السمكة

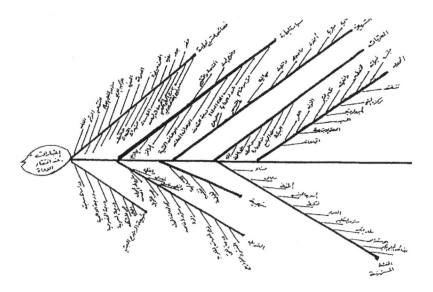

ما هي هذه الطريقة؟

إن طريقة هيكل السمكة هي طريقة من طرق التدريب على التفكير الإبداعي، ويمكن استخدامها في العديد من المجالات العملية، فمثلاً: يمكن استخدامها في مجال العمل السياسي، والصناعي ، والتجاري ، والزراعي، والتربوي، والنفسي، وغيرها من المجالات التي لا حصر لها.

وقد ازداد استخدام هذه الطريقة في الآونة ألأخيرة في مجال التطوير والتنمية الإدارية للبنوك ، والمصالح التجارية الضخمة التي يهمها حصر مشكلاتها، وايجاد الحلول السريعة لها من أجل تجنب أكبر قدر من الخسارة المادية والترهل الإداري.

وتقوم فلسفة هذه الطريقة على أساس تحديد الاسباب المؤدية إلى ظهور المشكلات (Causes)، تلك المشكلات التي تقود إلى ظهور ما يعرف بالنتائج أو التأثيرات (Effects)، ولا يتوقف المطلوب أو المتوقع من هذه الطريقة عند تحديد المسببات، بل يتعداه إلى تحديد الجذور الفرعية للمشكلات، والتي تغذي باستمرار التأثيرات أو النتائج .

ولتبسيط مفهوم طريقة هيكل السمكة؛ نسوق المثال التوضيحي التالي: إنك عندما تذهب إلى الطبيب وأنت تتصبب عرقاً؛ فإن تصبب العرق هو تأثير (Effect) أو نتيجة (Result)، أو أعراض (Symptoms)، فتصبب العرق هو نتيجة من مشكلة أخرى، قد تكون مثلاً التهاباً معوياً، أو نزلة صدرية أو ...الخ

إذن ؛ الطبيب يبدأ بالتشخيص والبحث عن المسبب، وقد يطلب منك إجراء تحاليل طبية، وقد تفعل فتأتي النتائج المخبرية لتوضيح الأسباب أو السبب المؤدي إلى ذلك.

وهذا المثال يمكن أن نسوقه على العديد من الأوضاع، فالفساد الإداري هو تأثير أو نتيجة لوجود أسباب (Causes)، وانحراف الأحداث هو نتيجة لوجود أسباب عديدة، وهكذا. وأنتشار ظاهرة الطلاق، والمخدرات ، وانتشار تعاطي (البنزين) (والسريسيون) لدى الشباب الصغار، والتسرب من المدرسة، وتدني التحصيل الأكاديمي عند أبنائنا في المدارس، والعصبية الزائدة، وما إلى ذلك من مشكلات حياتية مختلفة. وقد زاد كما أشرنا سابقاً استخدام وتوظيف هذه الطريقة بشكل متزايد في مجال ما يعرف بإدارة الجودة الشاملة وأخيراً في مجال ما يعرف بتحسين النوعية المستمر، حيث تتولى فرق العمل في الإدارات الحديثة تجميع أفكار العاملين، والمشرفين، والإداريين، والزبائن حول أسباب مشكلة ما من المشاكل، ويفيدهم هذا التجميع في تحديد الأسباب الأولية والأسباب الثانوية لمشكلة ما من المشكلات، وتساعد هذه الطريقة في تنظيم توالد الأفكار الناتجة عن العصف الذهني.

ان طريقة هيكل السمكة هي طريقة فاعلة من شأنها دفع الناس وفرق العمل إلى الاهتمام بما يعرف الآن بتعقدية المشكلة، أو ما يدعى بتعددية أبعاد المشكلة الواحدة، وبالتالي النظر بموضوعية إلى جميع العوامل المساعدة في خلق المشكلة.

ان كثير ما يظن الناس أن هناك سبباً أو اثنين يقفان وراء المشكلة، في حين يمكن أن تكون هناك أسباب وأسبابا أخرى عديدة.

مجالات استخدام طريقة هيكل السمكة العملية التدريبية.

ان مجالات استخدام هذه الطريقة في العمليات التدريبية واسعة جداً، فمثلاً؛ يمكن استخدامها في توليد الأفكار الفرعية حول فكرة رئيسة، وكذلك في مجال تحديد المفردات التدريبية التي تقابل الأهداف التدريبية، كما يمكن استخدامها

في مجالات عديدة، مثل تحديد المتغيرات المرتبطة بمفاهيم محددة في التدريب، انظر الشكل التالي، والمتعلق بتحديد الاعتبارات المختلفة الداخلة في انتقاء الأدوات الخاصة بتحديد احتياجات أهالي القرى من البرامج الاجتماعية والتنموية.

وقد أعده المشاركون في برنامج تحديد الاحتياجات المحلية، والذي عقد في مجمع الملكة زين الشرف التنموي خلال الفترة ما بين 30/11-1996/11/25.

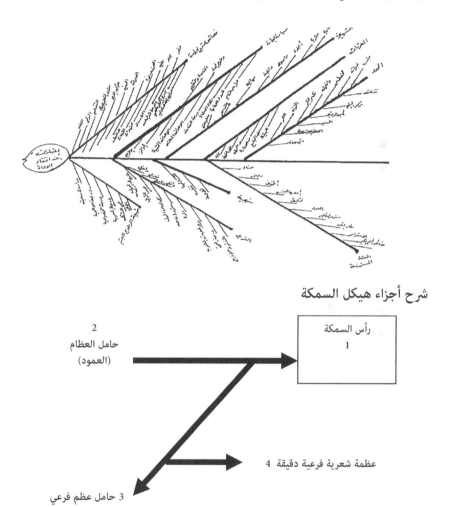

شرح أجزاء هيكل السمكة

رأس السمكة
1
2
حامل العظام
(العمود)
عظمة شعرية فرعية دقيقة 4
3 حامل عظم فرعي

ملاحظة: العظام الفرعية على الحامل الرئيس (العمود) تكون أهميتها وقوتها كلما اقتربت من الرأس.

كيف تستخدم هذه الطريقة:

(سمكة فردية ، سمكة مجموعات، سمكة مجموعة التدريب)

مهمة فردية ، مهمة مجموعات صغيرة ، مهمة مجموعة التدريب.

1. ارسم هيكلاً أولياً لهيكل السمكة وهو الرأس والحامل الرئيس (العمود) لا غير

2. ثبت الفكرة أو المشكلة أو الموضوع الرئيس في الصندوق (رأس السمكة)، وتذكر أن الفكرة ينبغي أن تكون محددة جداً، ومختصرة جداً وكذلك واضحة.

3. ملاحظة للتأكيد لا ترسم سوى الرأس (الصندوق) والحامل الرئيس (العمود) فحسب.

4. والآن تابع معنا، امسك بقلم وورقة واعصف بذهنك حول الفكرة الرئيسة بكل ما يخطر على بالك من أفكار وكلمات..الخ.

5. بعد أن تنتهي من العصف قم بالنشاط التالي:

ابدأ بعمل تجميع للأفكار والعبارات المتشابهة والتي تمت أو قريب بعضها من بعض أو التي يمكن ان تنتمي لعائلة واحدة من الأفكار.

6. وزع ما رصدت إلى قائمتين، هما: قائمة الأسباب الرئيسة (حامل عظم فرعي)، والأسباب الفرعية (عظمة فرعية شعرية دقيقة).

7. إبدأ برسم حامل واحد فرعي وانقل إليه الأسباب، أو الأفكار، أو الموضوعات.

8. تذكر؛ لا ترسم أكثر من حامل رئيس حتى تنتهي من تثبيت كافة الأسباب (الفرعية الشعرية) عليه، وهكذا استمر حتى تنتهي من رصد كافة الأفكار، (هنا يكون هيكل السمكة الفردية قد تم تجهيزه).

9. انتقل الآن إلى مجموعة العمل التي حددت لك، وأبدأ مع المجموعة بتبادل الأفكار، ومع نهاية الوقت المخصص يجب أن يكون هناك هيكل سمكة للمجموعة بحيث تولف جميع الهياكل الفردية في هيكل واحد.

10. والآن تقوم كل مجموعة بتثبيت هيكلها على الحائط، بالتعاون مع الميسر- يتم إخراج هيكل سمكة واحد لمجموعة التدريب كاملة.

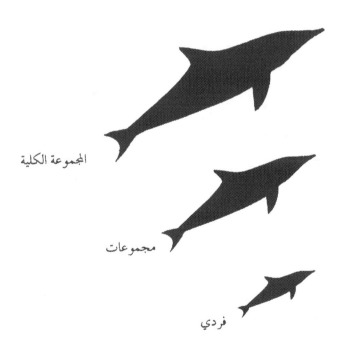

المجموعة الكلية

مجموعات

فردي

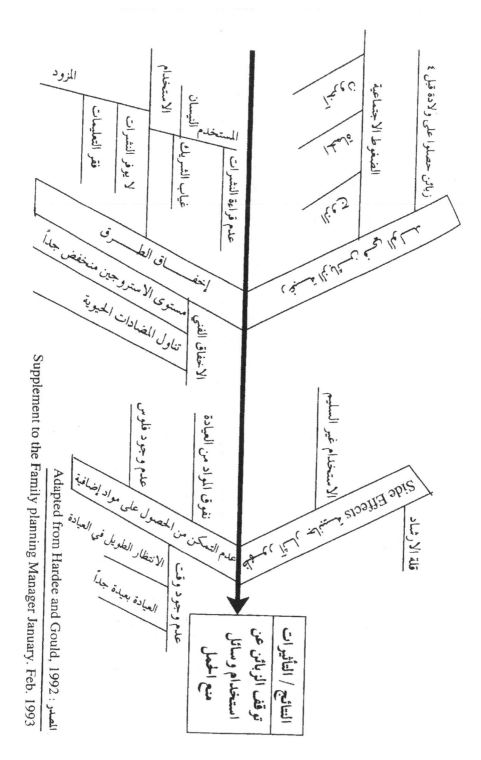

المصدر: Adapted from Hardee and Gould, 1992: Supplement to the Family planning Manager January. Feb. 1993

هيكل السمكة

هيكل السمكة يخص الاعتبارات الداخلة في تصميم المهمات العملية بشكل عام

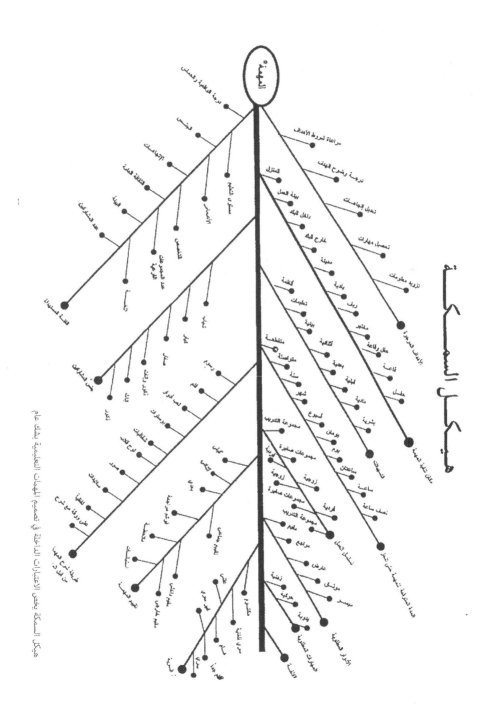

أسلوب بناء المسارات

أسلوب رسم المسار هو أسلوب هام تقوم فلسفته على أساس من أن لكل مهنة أو حزمة أو قطاع من القطاعات الحياتية نماذج ذهنية، وفكرية، يهتدي بها الأكاديميون والممارسون والمهنيون على اختلافهم، وتسمى المسارات بمسميات عديدة في الأدبيات مثل المخططات، المسارات التوضيحية، الهياكل، النماذج، الدورات، وغيرها

وفي الأدبيات الأجنبية؛ نجد أيضاً مسميات عديدة مثل: Pattern, Figure, Process, Model, Cycle, Structure...الخ.

وموضوع المسارات موضوع قديم حديث، وهو عرضة إلى التجديد والتطوير بين أصحاب المهنة الواحدة، وقد نجد بين أصحاب القطاع الواحد أكثر من مسار واحد، وقد نجدهم أحياناً غير متفقين فيما بينهم على مسار واحد، ونجد أحياناً ان المسارات في القطاع الواحد تشترك في معظمها بأشياء وتختلف في أشياء أخرى.

أين توجد المسارات؟

كما أسلفنا توجد المسارات لكافة القطاعات التربوية والتعليمية، وفي الإرشاد الزراعي والصحي، وفي الإرشاد النفسي وتنمية الموارد البشرية، وتنمية المجتمعات المحلية وغيرها، وفيما يلي أبرز القطاعات التي تتخذ لنفسها مساراً أو أكثر.

1- قطاع تنظيم الجماعات.
2- قطاع تنمية الموارد البشرية أو التدريب.
3- حل المشكلات.

4- تخطيط وإعداد المشروعات

5- تخطيط وإدارة عمليات البحوث.

6- إذكاء الوعي.

7- تنمية المجتمعات المحلية.

8- تعديل السلوك.

9- التعليم.

10- تحديد الاحتياجات التدريبية.

11- التخطيط الاستراتيجي.

مجالات استخدام اسلوب بناء المسارات:

جميع الذين يشاركون في برامج ونشاطات تدريبية لا بد وان يكونوا منتمين اصلاً إلى أطر مرجعية أكاديمية وتعليمية ، ويزاولون أعمالاً إدارية وفنية ومهنية مختلفة، ونجدهم كذلك بحاجـة إلى أن يطوروا، إن لم يكـن لـديهم أصلاً مسارات عملية لأعمالهم، أو لفـت انتبـاههم إلى أهميـة المسارات الذهنية والعملية لتخطيط وإدارة وتنفيذ وتقويم مشروعاتهم وبرامجهم.

إذن، اسلوب رسم المسارات هو أسلوب لازم وحيوي لجميع الناس، مـن مسـتويات الإدارة العليا والمتوسطة وغيرها، ولنأخذ الأمثلة التوضيحية التالية:

أ-   على صعيد التدريب:

إن أي مدرب- بصرف النظر عن حقل تدريبية- لا بد وأن يعي – وعـلى الأقـل نظريـاً- مـا يعرف بمراحل العملية التدريبية ، ولا بد له من أن يتعرض لتدريب أو تثقيف أو ما شـابه لما يعرف بنماذج تخطيط العملية التدريبية،

إذن المدرب الفعال هو الذي لديه خبرة واطلاع على أكثر من أنموذج يمثل مراحل العملية التدريبية.

انظر الأشكال اللاحقة حول مجموعات نماذج ومسارات لعملية التدريب.

ب- على صعيد أنماط التعلم:

تغدو المسارات بالنسبة للمهتمين بالمسائل المتعلقة بكيفية تعلم الناس مسألة مهمة جداً لهم؛ لكي يستطيعوا أن يخططوا برامج وأنشطة التعلم على نحو أكثر فاعلية، ومن هنا؛ فإن التربوي ورجل التعليم مدعو للتعرض لاختيار أكبر كم ممكن من النماذج والمسارات انظر الأشكال اللاحقة حول نماذج مختلفة لأنماط التعلم.

أهداف استخدام أسلوب بناء المسارات"

1- إ"طلاع الموظفين الجدد على المسارات المستخدمة في المنظمة.

2- أكساب المشاركين مهارات التنظيم والخبرات اللازمة لهم في أعمالهم.

3- طمأنة النفوس، فقد يحدث أن يشعر الناس بالخوف من بعض الوظائف ، حينئذ تساعد المسارات على توضيح الخطوات المطلوبة.

4- تشجيع المشاركين على التفكير وتوليد مسارات جديدة من شأنها تحسين العمل.

5- تساعد في تخطيط وإدارة الوقت، وتنظيم برامج العمل السنوية والشهرية والأسبوعية واليومية.

6- التقريب بين الفجوات النظرية والتطبيقية، وتوظيف التغذية الراجعة في تحسين المسارات.

ج- **على صعيد تخطيط المشروعات (الاجتماعية مثلاً):**

العاملون في مجال إعداد وتخطيط المشروعات يهتدون باستمرار بمسارات ذهنية تحكم عمليات الإعداد والدارسة وغيرها، انظر الأشكال اللاحقة حول أحد النماذج الخاصة بمراحل تخطيط المشروعات والتي تسمى أحياناً بدورة المشروع .

آلية وشروط استخدام أسلوب بناء المسارات:

أولاً: لا بد أن يكون الجمهور متجانساً من حيث طبيعة الأعمال التي يقوم بها حالياً، أو التي من المتوقع أن يقوموا بها بعد انتهاء البرنامج التدريبية.

ثانياً: وضح للمشاركين المقصود بأسلوب بناء المساءات، وأتح لهم المجال للسؤال والاستفسار.

ثالثاً: قدم إليهم أنموذجاً حول أحد المسارات بوساطة الفليب شارت أو الشفافيات.

رابعاً: اطلب من المشاركين أو من أي منهم ممن يرغب في عرض خبرة معينة حول مسار ما من المسارات.

خامساً: وزع نسخاً من المهمة اللاحقة كنموذج على المهمات التي تقدم ضمن أسلوب بناء المسارات.

سادساً: اطلب من كل مشارك أن يبني بنفسه مساراً خاصاً .

سابعاً: وزع المشاركين إلى مجموعات صغيرة، واطلب منها أن تحاول إخراج مساراً واحد، على أن يكون هذا المسار ممثلاً لكافة وجهات النظر الفردية المختلفة.

ثامناً: اطلب من المجموعات عرض مساراتها على الحائط، ثم اطلب من جميع المشاركين التجوال والنظر بعين فاحصة على المسارات وكتابة الملاحظات.

تاسعاً: اطلب من المشاركين العودة إلى جلسة جماعية ليناقشوا ملاحظاتهم، أو بإمكان الميسرـ وحسب الوقت المتوفر أن يناقشوا كل مسار من المسارات.

عاشراً: ضع التحدي التالي أمام المجموعة، وهو: هل بإمكاننا بناء مسار واحد لنا؟

حادي عشر: احتفظ بالنتاجات لدورة جديدة.

عملية التدريب
تمرين رسم المسار

تلجأ الناس إلى رسم صورة ذهنية لكثير من الأشياء قبل ان تحولها إلى ممارسات عملية، وتفعل الناس ذلك حتى لأبسط الأشياء، فمثلاً: قبل ذهابك إلى حفل ما؛ تبدأ برسم صورة لما تتوقع ان يحدث معك، وترسم خط سير للمركبة، وكيف يمكن أن تسلك؟ وهكذا، وأكثر ما تجد هذا الرسم الذهني عند الفنانين، والباحثين، والمصممين، والمهندسين، والمدربين، وغيرهم من الذين تتطلب اعمالهم بناء تصورات ذهنية لأعمالهم قبل أن يباشروا ذلك فعلياً.

والآن سوف تتخيل رسماً لسير مراحل عملية التدريب أو ما يعرف أحياناً في أدبيات التدريب بدائرة أو حلقة التدريب .

ابدأ بتخيل هذا الرسم، وحاول إخراج رسم مكتوب بذلك.

مسار عملية التدريب
الرجاء تثبيت المسار الذي حددته هنا

نماذج مراحل علمية التدريب

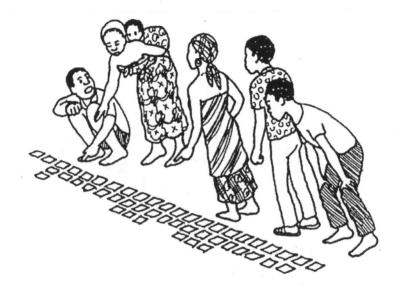

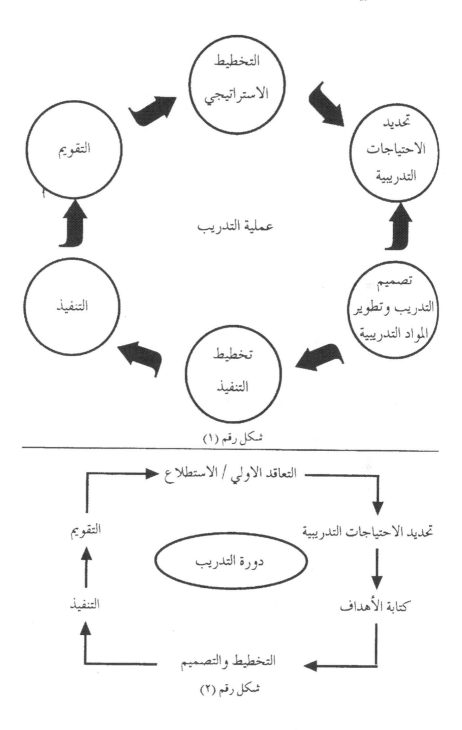

شكل رقم (١)

شكل رقم (٢)

خطوات لتصميم البرنامج التدريبي

إعداد الجدول الزمني للبرنامج

إعداد الموازنة اللازمة للبرنامج

استقطاب المشاركين

استقطاب المدربين الأكفياء

تهيئة التسهيلات التدريبية اللازمة

اختيار الأساليب والتقنيات السمعية والبصرية المناسبة

وضع محتوى البرنامج التدريبي وإعداد المواد التدريبية

تحديد الأهداف المطلوبة من البرنامج

تحديد الاحتياجات التدريبية

شكل رقم (٣)

PHASES AND STEPS IN THE TRAINING PROCESS

PLANNING PHASE   **STEPS**

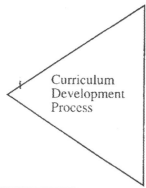

1. Determine training needs.
2. Specify training objectives.
3. Organize Training Content.
4. Select training methods and Techniques.
5. Identify needed training resources
6. Assembe and package lesson plans.
7. Develop training support materials.
8. Develop tests for measuring training Learning.
9. Tryout and revise training curriculum.

Curriculum Development Process

IMPLEMENTATION PHASE
1. Implement and manage training.

TRAINING EVALUATION PHASE
1. Evaluate.

شكل رقم (٤)

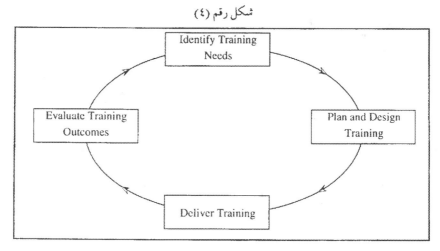

شكل رقم (٥)

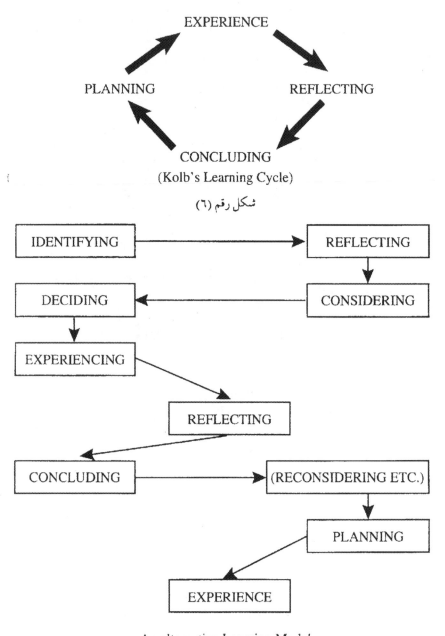

EXPERIENCE

PLANNING

REFLECTING

CONCLUDING
(Kolb's Learning Cycle)

شكل رقم (٦)

| IDENTIFYING | → | REFLECTING |

| DECIDING | ← | CONSIDERING |

EXPERIENCING

REFLECTING

CONCLUDING → (RECONSIDERING ETC.)

PLANNING

EXPERIENCE

An alternative Learning Model

شكل رقم (٧)

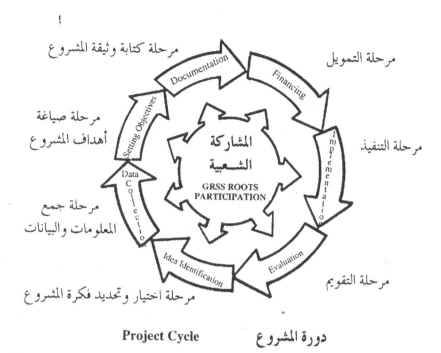

مرحلة كتابة وثيقة المشروع
مرحلة التمويل

مرحلة صياغة
أهداف المشروع

مرحلة التنفيذ

مرحلة جمع
المعلومات والبيانات

مرحلة التقويم

مرحلة اختيار وتحديد فكرة المشروع

Project Cycle   **دورة المشروع**

شكل رقم (٨)

أسلوب تحليل "سوات"

تحليل "سوات" SWOT

سوات كلمة من أربع مقاطع بالأجنبية وهي:

S	Strengths	مناطق القوة
W	Weaknesses	مناطق الضعف
O	Opportunities	الفرص
T	Threats	مصادر التهديد (المخاوف)

تقوم فكرة طريقة التدريب باستخدام تحليل "سوات" على أساس تمكين المشاركين من اكتساب مهارات التحليل في مجال أو أكثر من مجالات تنمية المجتمعات المحلية، بالإضافة إلى مهارات التحليل لأية أعمال أخرى كأعمال تخطيط وتصميم المشروعات.

ويقوم المدرب بالطلب من المشاركين فرادى، أو بمجموعات عمل صغيرة، تحليل مشروعاتهم، أو أعمالهم الميدانية تحت العناوين الرئيسة التالية:

- مناطق القوة (Strengths)

- مناطق الضعف (Weaknesses)

- الفرص (Opportunities)

- مصادر التهديد (Threats)

- أما مظاهر القوة فهي: كيف يرى المشاركون قوة مشروعاتهم، أو أعمالهم، وما هي نقاط القوة؟

- أما مناطق الضعف فهي كيف يرى المشاركون ضعف مشروعاتهم، وما هي نقاط الضعف ؟

- أما الفرص فتعني : ما هي الفرص التي يراها المشاركون والتي تبعث على الأمل ، وتجدد العزيمة على تخطي الصعاب بالرغم من نقاط الضعف؟

- مصادر التهديد: ما هي الأسباب وما هي المصادر التي يخرج منها نوع أو أكثر من التهديد؟

وفيما يلي مثال على نتاج عمل إحدى المجموعات مأخوذ من برنامج تدريبي استخدمت فيه طريقة "سوات" بهدف تحليل مهمة منظمة أهلية غير حكومية تعمل في مجال تنمية المجتمعات المحلية.

عناصر التحليل باستخدام "سوات"	نتاج عمل المجموعة
نقاط القوة	- لدينا جهاز فني متخصص. - الجهاز مكرس وقته وجهده لتطوير العمل. - تثقيف الفئات المستهدفة.
نقاط الضعف	- التنسيق فيما بيننا في المؤسسة ليس كما يجب. - الاستجابة إلى حاجات المجتمع المحلي بالسرعة التي يجب ان تكون عليها.
الفرص	- لدى الناس الذين نعمل معهم فكرة واضحة عن احتياجاتهم. - ما زال هناك مجالات عديدة للعمل.
مصادر التهديد (المخاوف)	- مصادر التمويل غير آمنة. - نحن في منافسة مع غيرها من المنظمات الأخرى.

تعتبر طريقة "سوات" من أهم الطرق المستخدمة في التدريب على التحليل، إذ تجعل المشارك في حالة من التمرين الذهني الذي يستلزم تفكيراً متمعناً في تحليل المشاريع والأعمال، والفصل الدقيق بين نقاط القوة، والضعف، والفرص، ومصادر التهديد.

وتجدر الإشارة إلى أن هذا التمرين الذهني قد لا يشعر المرء بقيمته إلا إذا مارسه فعلياً، وليس كما يظن البعض من سهولة تحديد العناصر عند عملية التحليل ، فالأمر معقد بعض الشيء خاصة عند التمييز بين نقاط القوة والفرص، وبين مصادر التهديد ونقاط الضعف ، وغيرها، فالنقاط الرئيسه في تحليل "سوات" يجب ان ينتج عنها عناصر مختلفة.

كما تفيد هذه الطريقة في تبادل الخبرات، وتوفر فرصة للمشاركين لمعرفة وجهات النظر المختلفة.

تطبيقات على استخدام اسلوب تحليل سوات

SWOT

جلسة عمل تحليل للثقافة العربية
في إطار التمويل باستخدام اسلوب "سوات"
7-9 تشرين الثاني 1998.

دليل الميسر لمجموعات العمل[1]

تحليل سوات SWOT Analysis

- جميع المشاركين وعددهم التقريبي (150) مشاركاً سيتوزعون على (5) مجموعات بمعدل (28-30) مشاركاً في المجموعة الواحدة.
- ترتيبات توزيع المشاركين معدة أصلاً على الأساس التالي:

مجموعة (A)	28-30 مشاركاً.
مجموعة (B)	28-30 مشاركاً.
مجموعة (C)	28-30 مشاركاً.
مجموعة (D)	28-30 مشاركاً.
مجموعة (E)	28-30 مشاركاً.

- يحمل المشاركون من كل مجموعة من المجموعات أعلاه حرفاً متشابهاً مثبتاً على يمين أعلى باجة الصدر (A.B.C.D.E).
- سيقوم كل ميسر بالتوجه مع مجموعته من القاعة الرئيسة إلى القاعة المخصصة لذلك، وستجد على باب لوحة ورقية مثبت حرف عليها كل مجموعة (Room A, Room B,...etc).
- يلزم الأدوات التالية:

أ. ورق فليب شارت.

ب. أقلام فلوماستر.

ت. ورق أصفر صغير لاصق الطرف (Post. It. Notes)

ث. جهاز مسلاط.

ج. لوح أبيض للكتابة.

---

[1] أعد هذا الدليل خصيصاً للورشة.

- بعد جلوس المشاركين أبدأ بالترحيب وتقديم نفسك (جهـز سـلفاً تقدمـة لنفسـك إذا رغبت).
- أطلب من كل مشارك أن يسمي في المرحلة الأولى:
1. الأسم.
2. البلد.
- اعلم الحضور بأن الوقت المخصص لعمل المجموعة هو (20) دقيقة.
- أعلـم المشـاركين بـأن النشـاط التـالي هـو نشـاط تعـارفي، وزع عـلى المشـاركين ورقـة الأوتوجراف واطلب منهم سرعة ملئها بالمعلومات المطلوبة.
- بعد الانتهاء من ملء الأوتوجراف اطلب من المشاركين العـودة إلى مقاعـدهم، وابـدأ بشرح أهداف الجلسة، استخدم الشفافية الخاصة التي توضح الأهداف.
- اطلب من (كل ثلاثة) أن يجلسوا وبشكل يسمح بتفاعلهم واتصالهم بشكل أفضل.
- وزع المرفق الخاص بمهمة مجموعات العمل.
- اطلب من مساعدك (Co-Facilitator) توزيع:
- ورق لاصق الطرف (Post-it-Notes) مع القلم رفيع الرأس لكل مشارك في المجموعة .
- يطلب الميسر من أحد المشاركين أن يقوم هو بنفسـه بقراءة المرفق الخاص بمهمة العمل في مجموعات، واتح المجال لمناقشته والإجابة عن الاستفسارات.
- ثبت لوحة (SWOT).

W مواطن الضعف	S مواطن القوة
T التهديدات	O الفرص

- يطلب من كل مجموعة أن تبدأ برصد نقاط القوة.
- بعد أن تنتهي كل (مجموعة ثلاثية) وتتفق على ما رصدته من نقاط قوة، نبدأ بعرضها دورياً، ونستثني البطاقات المتكررة التي تحمل الموضوع نفسه وتثبت على اللوحة الورقية
- ينتقل الميسر مع المشاركين إلى باقي عناصر التحليل (S+W+O+T).
- بعد أن ينتهي المشاركون من ذلك تقرأ وتنقح وتعتمد.
- يثبت المشاركون اسماءهم عليها.
- ثبت النتاجات في المكان المخصص لتتمكن باقي المجموعات من الإطلاع على باقي النتاجات.
- تأكد من أن الملخص العام قد تضمن نتاج مجموعتك.

نتاج عمل جميع المجموعات (A + B + C + D + E)

مواطن القوة (S)

- طريقة تقديم وعرض المشروع .
- غاية المشروع .
- تحديد شبكة المستفيدين .
- اللغة المناسبة للممول .
- وجود متبرعين يعلمون حقيقة العمل التطوعي .
- الاستقرار السياسي .
- حب الخير والتكافل الاجتماعي .
- توافر ثروات طبيعية وتكاملها .
- الموقع الجيوستراتيجي للعالم العربي .
- تطور التكنولوجيا .
- تعدد واختلاف المناخ مما يؤدي إلى اختلاف البيان .
- تنويع وامتلاك الموارد الاقتصادية .
- اتساع الرقعة الجغرافية .
- توافر الموارد البشرية المدربة .
- الترابط الأسري .
- حب عمل الخير والتكافل الاجتماعي .
- توافر ثروات طبيعية وتكاملها بين أقطار الوطن العربي .
- وجود جمعيات متخصصة .
- التاريخ المشترك .
- تعدد واختلاف المناخ .

- اتساع الرقعة الجغرافية للوطن العربي.
- موقع استراتيجي .
- الارتباط الجغرافي .
- أمة فتية .
- وحدة دينية .
- مصادر طبيعية (الموارد البشرية ، الطبيعة مثل البترول) .
- موارد بشرية مدربة .
- أحاسيس مشتركة .
- ثقافة مشتركة .
- أرض واسعة .
- صناعات .
- الخبرات .
- توفر القوى البشرية .
- الرغبة في العطاء .
- متطوعون .
- التماسك الاجتماعي والأسري .
- وسائل الإعلام لتحقيق الأهداف .
- اللغة واحدة .
- التنوع البيئي (المناخ) .
- الزكاة (الصدقات) .
- السياحة (الآثار) .
- ثقة الممول .
- الاستقرار السياسي .
- ارتفاع نسبة المتعلمين .

مواطن الضعف (W)

- عدم تجديد التشريعات القانونية بما يتوافق مع متطلبات العصر .
- سوء توزيع الثروة والدخول .
- بروز التلوث الاجتماعي ، فقر ، جهل ، مرض .
- التمسك بالتقاليد البالية بسبب الجهل الاجتماعي .
- عدم الاستغلال الأمثل للثروات الطبيعية .
- الافتقار إلى التجربة الديمقراطية .
- التمزق العربي .
- الكثافة السكانية وارتفاع نسبة الخصوبة .
- ضعف الوحدة .
- الاستعمار « الإسرائيلي » لمعظم أجزاء الوطن العربي .
- ضعف الإعلام العربي .
- الأخذ بالمركزية في اتخاذ القرار « المركزية » .
- ضعف التخطيط العربي .
- الأوضاع السياسية وعدم الاستقرار ، وتأثير ذلك على الأوضاع الاقتصادية .
- عدم وجود هيكلية إدارية .
- الحدود السياسية (عوائق الحدود) .
- تشتت الجهود .
- ضعف التبادل التنموي بين الدول العربية .
- ضعف استخدام التقنيات الحديثة .
- الأنانية والتسلط .
- اختلاف القوانين (بين البلدان العربية) .
- التملق والتصنع في العلاقات .
- عجز الكفاءات البشرية وعدم استثمار القوى البشرية المتميزة (ضعف استغلال القوة البشرية .
- البنك الدولي وسيطرته على القرار السياسي والإقتصادي .
- نقص المؤهلات وعدم الخبرة .
- عدم ملائمة المنطقة الجغرافية لبعض المشاريع الزراعية .
- حجز الحريات .
- الخلافات بين الأنظمة السياسية .
- اقتصار الجهات المانحة على تمويل مشاريع البنية التحتية .
- الكساد الاقتصادي .
- تسرب العلماء والخبراء .
- صعوبة انتقال رأس المال العربي .
- عدم وجود مفاهيم واضحة نحو العمل التطوعي .
- عدم وجود التنسيق المتواصل بين المؤسسات العاملة بين المجال محلياً وعربياً وعالمياً .
- عدم وجود روح الفريق الواحد داخل العمل وعدم وضوح الرؤية .

تابع مواطن الضعف (W)

- القاعــدة العســكرية الإســرائيلية لأمريكا .
- الفجوة بين التعليم النظري والعملي .
- عدم الوعي الكامل بحقوق المرأة .
- ضعف المعلومات .
- ضعف الديموقراطية .
- التقلبات السياسية .
- سيطرة الرجال على الحياة الاقتصادية والسياسية والعامة .
- سيطرة الثقافة الغربية .
- العادات والتقاليد .
- عــدم وجود البنية التحتية المخطط لها في الأراضي العربية .
- نقص التكنولوجيا .
- ضعف تفصيل القوانين .
- الانتشار العشوائي وغير المــدروس للمؤسسات الأهلية التطوعية .
- عدم وجود مصادر تمويل ثابتة للعمل الاجتماعي .
- عــدم وضــوح التشريعات وعــدم مراجعتها بشكل دوري .
- عــدم وجود قدرة معرفية وأكاديمية للعاملين في العمل الاجتماعي .
- الحدود المصففة .
- الإقليمية الضيقة العمياء .
- التضارب في المشاريع الاقتصادية .
- عــدم توزيع الموارد المالية بصــورة متكافئة وعدم استغلالها في مشاريع تنموية للوطن العربي .

- توجــه الأفــراد للوظائف دون وجــود الإبداعية لديهم .
- ضعف الشفافية والمصداقية في التعامل .
- ضعف التخطيط قصير وطويل الأمد .
- الهيمنــة الشخصية على المشــاريع (التفرد) .
- المنافسة على المشاريع نفسها وخاصة بين الجمعيات .
- فقدان القوة البشرية المنفذة .
- ضعف الإعلان المسبق عن المشروع .
- البطالة .
- انخفاض الدخل الفردي .
- كثرة مشاريع التنمية الاجتماعية .
- عدم المتابعة والتخطيط لمواطن العمل الفعال .
- ضعــف الثقافة التطوعية لدى غالبية المجتمعات المحلية .
- ارتفــاع نسبة الأكاديمية في بعــض مناطق الوطن العربي .
- عــدم وجود برامج تدريـب وتأهيل مخطط لها .
- عــدم توفر الموارد الداعمة للعمــل الاجتماعــي لضعــف الثقافــة الاجتماعية في الوطن العربي .
- عــدم التواصــل والتنسيق وتبــادل الخبــرات بين مؤسســات العمــل التطوعي .

الفــــرص (O)

- الوحدة العربية .
- فرص جيدة للصناعة .
- التنمية الريفية للحد من الهجرة .
- الثقافة والدين .
- فكــرة مشروع النوع الاجتمــاعي وحقوق الانسان .
- مشروع حول العودة إلى الطبيعة .
- عمــل شبكة اتصالات بين المنظمات الأهلية .
- مشـــروع تدريب حول بناء القــدرة المؤسسية .
- توافر المصادر الطبيعية .
- الاســتفادة من الخبرات بين الــدول العربية .
- تشجيع الاستثمار بين الدول العربية.
- تشجيع العمــل اليدوي بين الــدول العربية .
- تشجيع السياحة بين الدول العربية .
- وجود سوق عربية مشتركة .
- المســاعدات مــن خلال الزكــاة والصدقات .
- تقارب الشعوب .
- إخــراج أمريكا من الوطــن العربي كدور أساسي وجعل دورها محدد بقطاعات محددة .
- مساعدات الحكومات للقطاع الأهلي .
- محاربة البطالة وإيجاد فرص عمل .
- ضبــط النمو السكاني بين الــدول العربية الأكثر كثافة بالسكان .
- تزايد الممولين من المنظمات العالمية .
- مساعدات من الحكومات المحلية .
- إمكانيــة استغلال الموارد البشــرية والاقتصاديــة للنهــوض بالعمــل الاجتماعي .
- انتشار الوعي والثقافــة فيما يتعلــق بالعمل الاجتماعي .
- عقد الدورات التدريبية .
- إزالة الحدود المصطنعة .
- تفعيل دور الجامعة العربية .
- تفعيل دور المرأة .
- استغلال الطاقات والموارد البشــرية بشكل مبرمج وعلمي ومنهجي .
- الانفتــاح على الثــورة العلميــة واســتغلال التكنولوجيا الحديثة في العالم الغربي لتنمية مؤسساتنا .
- توافر العامل البشري المؤهل والمدرب.
- التوجـه للانفتاح على العالم إعلامياً وتقنياً .
- الأسبقية في التعــرف إلى الممــول (وجوده) .
- استغلال القدرات المتوافرة .
- استغلال المناسبات الهامة .
- الابتكار والتجديد .

مهددات (T)

- التنفيذ السيء للمشاريع .
- عدم وجود دراسة اقتصادية واقعية .
- عدم الاستقرار السياسي (الإقليمي).
- المديونية للبنك الدولي .
- الفساد الاداري .
- سوء استخدام الموارد .
- عدم وجود التنسيق .
- التبعية السياسية .
- الحروب .
- التخلف في التكنولوجيا الحديثة .
- تدخل المولين .
- الاعتماد على الغير .
- الحكومات غير متقبلة للمنظمات الأهلية .
- المولون دائماً تابعون لسياسات بلادهم .
- عدم وجود الخبرة المحلية .
- الاضطرابات بين العرب وإسرائيل .
- البيروقراطية .
- انخفاض سعر النفط .
- ضعف البنية التحتية .
- المشاكل الإقليمية بين العرب أنفسهم.
- الديمقراطية الهشة .
- عدم الاستخدام السوي للمناطق الزراعية .
- فجوة بين الصناعات ومراكز البحوث.
- الابعاد غير المصرح بها .
- عدم انسجام العاملين في المؤسسات مع الغيرة والحسد بين افراد المؤسسة.
- كثرة النزاعات وعدم وحدة العرب .
- الحصارات المفروضة على بعض الدول العربية .
- الأمية .
- نزع الأفكار والحضارات الغربية من مجتمعاتنا .
- وجود شبكة الإنترنت التي تستغل ضدنا .
- عدم الاستقرار السياسي والتعثر الأمني في مناطق عديدة .
- البطالة .
- العولمة .
- القوانين والأنظمة المالية المتقلبة مما يقود لتهرب رأس المال .
- ترسيخ التقسيم .
- التهديدات بالقوة من العالم الغربي ومخاطره في الوطن العربي .
- الانفتاح الخاطئ وخطره علينا وتنافيه مع ديننا وقيمنا وعاداتنا وتقاليدنا .
- استغلال الموارد والدعم المالي المقدم من الجمعيات الأجنبية لتحقيق مآربهم .
- عدم الاستقرار السياسي والاقتصادي في الوطن العربي .
- هجرة الكفاءات والقدرات إلى الخارج.
- تعارض المشروع مع الممول أو دولته .
- ظهور أزمات داخلية وأزمات خارجية .
- عدم الإنصاف في توزيع الحصص بين الجمعيات .
- تحديد التقديمات للعروض من بعض المنظمات العالمية بالقطاع العام .

أسلوب التحليل "بست"

PEST Analysis Technique (PAT)

بست هي اختصارات للكلمات التالية:

- سياسي   Political

- اقتصادي   Economic

- اجتماعي   Sociological

- تكنولوجي   Technological

تحليل "بست" هو تحليل للعوامل تحت العناوين الأربعة الرئيسة، وكيف لهذه العوامل أن تؤثر على المنظمة، وينبغي على المدرب أن يعي هذه العوامل ذات التأثير البالغ على استراتيجيات صنع واتخاذ القرار في المنظمة ومن المفيد أنك أيضاً تستطيع اظهار العلاقة والتأثير بين الأحداث والأخبار العالمية من جهة وبين ما يحدث داخل المنظمة من جهة أخرى.

وتفيد هذه العناوين الأربعة الرئيسة في منحنا اطاراً لاختبار ما يحدث خارج عالم مؤسساتنا ومنظماتنا، ومن الطبيعي ان انخراطنا وانغماسنا اليومي بشؤون العمل داخل المنظمات من شأنه أن يفقدنا الحس بالقضايا والأحداث الخارجية من حولنا، والتي قد يكون لها تأثير قوي علينا.

وإذا ما أغفلت أو تنكرت منظمة ما من المنظمات لهذه القضايا، فإن استمرارها وبقاءها على مدى طويل هو أمر مشكوك فيه. وفيما يلي تفصيل لكل عنوان رئيس من العناوين الأربعة السابقة.؟

السياسي Political

ويعني هذا تحديد الأوجه السياسية التي من الممكن أن يكون لها أثر على المنظمة :

- القضايا السياسية داخل المنظمة
- القضايا السياسية في المنطقة أو الإقليم وحيث تعمل المنظمة.
- القضايا السياسية الوطنية والعالمية.

وفي ظل ومناخ العولمة الاقتصادية العالمية فإن أثر التغيرات السياسية التي تحدث في بلد ما من البلدان ينعكس على بقية الأعمال والتشريعات في العديد من البلدان الأخرى.

ولعل من أبرز الأمثلة على ذلك موضوع شركات إنتاج السيارات، فمثلاً، عندما يرفع حظر استيراد السيارات عن بلد ما من البلدان، فإن الشركات الصناعية يزداد بيعها، أو عندما مثلاً تخفض الرسوم الجمركية على السيارات ، فإن الاستعداد يصبح عـن مـا يجري في العـالم المحـيط، فهنـاك وباستمرار حاجة للتزود بالمواد الخام، وحاجة أيضاً للكوادر في الترحال والسـفر، والحاجـة إلى مزيد من رأس المال ، وكذلك الحاجة إلى معرفة بالأنظمة والتشريعات وغيرها.

ان القضايا السياسية يمكن أن تشتمل على:

- تغير الحكومات .
- تغيرات في السياسة الحكومية.
- السياسة الضريبية.
- مواعيد الانتخابات العامة القادمة.
- تغير في السياسة الرسمية تجاه بلد بعينه.
- تغير في الحكومة المحلية.
- تغير في التشريعات أو في تفسير التشريعات.
- الحرب أو المشكلات أو الاضطرابات المدنية .
- التخاصية في مقابل التأميم.

- وعلى صعيد داخلي في المنظمة فإن القضايا السياسية يمكن ان تمثل:
- تغير المدير التنفيذي أو الرئيس.
- تغير الملكية .
- صراع القوة بين الأفراد.
- تغير في الرسالة والرؤية والأهداف والقيم والمعتقدات للمنظمة.

الاقتصادي Economic

العوامل الاقتصادية التي لها تأثير على عمليات التشغيل داخل المنظمة تهتم كثيراً بكل ما هو مالي داخل وخارج المنظمة ولعل أبرز الأمثلة على العامل الاقتصادي هو التغيرات التي تطرأ على المعدلات الوطنية للفائدة، فمن المحتمل أن تؤثر زيادة الفائدة على التدفق النقدي للشركة مثلاً، ومن المحتمل ان تجعل بضائعها وخدماتها أكثر كلفة، أو قد تدفع الشركة أو المنظمة إلى تقليل نسبة الاستثمار في رأس المال والمعدات، أو إيقاف الاستثمار في منتجات جديدة أو مشروعات جديدة.

وفيما يلي مجموعة أخرى من العوامل الاقتصادية.

- تغيرات النظام الضرائبي الوطني أو المحلي وبكافة مستوياته.
- ارتفاع حاد في الأجور.
- تغيرات في التزامات الدولة نحو خدمات الرعاية الاجتماعية للعاملين في المنظمة أو الشركة.
- تغيرات في قيمة العملة الوطنية.
- تغيرات في ما يتعلق بسياسات الاستخدام.
- تأثير الاتحادات العالمية كاتحاد الدولة الأوروبية والاتحادات والإتلافات الاقتصادية العالمية.

- تغيرات في متطلبات الاستدانة والاستقراض.
- المنافسة الأجنبية.
- التضخم .
- تغيرات في أسعار وموارد المواد الخام.
- الفتور والركود الاقتصادي.

الاجتماعي Sociological

تتعلق العوامل الاجتماعية بأنماط المعيشة والحياة، العادات، الميول ، والاتجاهات، الموديلات ومعتقدات الناس، ومن الأمثلة الواضحة على العوامل الاجتماعية وتأثيرها؛ هذا المثال المأخوذ من بريطانيا، فمثلاً في؛ بريطانيا هناك تغير في معدلات الولادة. الانخفاض في أعداد الأطفال الذي يصلون إلى سن إنهاء المدرسة (School Leaving Age) في الوقت الذي تزداد فيه أعداد الأطفال على مقاعد الدراسة والذين يرغبون في الحصول على مزيد من التعليم، مما أدى إلى نقص في أعداد الطلاب الذين يتركون المدرسة، والذين كانوا في الماضي يعدون وبشكل تقليدي المصدر الرئيس للمستخدمين من قبل كبرى الشركات البريطانية ، وهذا أدى إلى:

- استخدام واسع لعقود العمل المرنة.
- تشجيع المرأة للعودة إلى العمل بالرغم من أعبائها الأسرية.
- تطور ونمو سريع في ممارسة العدالة في الفرص.
- ميل الشركات إلى إجراء تعديلات في البيئة الإدارية لها وإزالة كثير من الأقسام والدوائر في أنظمتها.
- ميل الشركات إلى ايقاف تعيين تاركي المدارس بشكل عام والسعي نحو توظيف أفراد لشواغر محددة.

ومن المثال السابق تلحظ مدى التأثير الواضح لأحد العوامل الاجتماعية ومن الأمثلـة عـلى العوامل الاجتماعية نذكر:

- تغيرات في القيم والمعايير الوطنية .
- ارتفاع حجم الإعالة.
- التقدم في الخدمات الصحية واكبه زيادة في معدلات الأعمار للسكان .
- توقعات المستخدمين من العمل.
- تدريب وتنمية توقعات المستخدمين.
- تغيرات بين معظم الشركات من شركات توفر أعمالاً مستدامة (Careers) إلى شركـات توفر وظائف (Jobs).
- قضايا بيئية.

تكنولوجي Technology

العوامل التكنولوجية تتضمن التغيرات التكنولوجية والتطورات في مجال عمليـات الإنتـاج، ومع نهاية القرن العشرين هذا، فإن السرعة التي يشهدها العالم في التطور التكنولـوجي هـي أسـرع ما كانت عليه في تاريخنا، ولهذا العامل كما تعلمون أثر كبير عـلى الشركات والمصـانع والمظمـات الاجتماعية وغيرها.

كما تتضمن العوامل التكنولوجية القدرة على الاستجابة تقنياً وفنياً لاحتياجـات السـوق ومتطلباته، خذ على سبيل المثال؛ صناعة البطاريات، فعندما أنتجت أو بطاريـة (Nickel Cadmium Battary) لم تتأثر الشركات في مجال إعداد البطاريات التقليدية الخاصـة بهـا، ولكـن بعـد أن بدأت الشركات تشعر بحاجة السوق وسرعة ظهور الموديلات والأنواع المختلفة فإن الأمر قد تغير كثيراً.

ففي المملكة المتحدة الآن شركة واحدة تسيطر على سوق البطاريات، ولولا تسخير هذه الشركة للتكنولوجيا؛ لما سمع بها أي شخص في السوق، وكان يمكن أن تظل صناعتها مغمورة.

ومن العوامل الاقتصادية الأخرى:

- التقدم السريع في تطوير أنظمة الحاسبات.
- انظمة (Software) جديدة وأنظمة تشغيل جديدة.
- عمليات تصنيع وإنتاج مختلفة.
- عمليات توزيع جديدة

مثال على استخدام "بست" *كأسلوب تحليلي لواقع العالم العربي.

E	P
• سيطرة البنك الدولي على الاقتصاد العربي . • هجرة رؤوس الأموال العربية . • الاستقرار الاقتصادي (الامان) . • عدم الاستخدام الامثل للموارد . • عدم وجود تكتلات اقتصادية عربية - عربية . • العمالة الوافدة . • غلاء المعيشة . • عدم وجود توزيع عادل للموارد والثروات الاقتصادية .	• العولمة . • الحدود . • الاستعمار / الحروب . • الديمقراطية . • الازمات . • محسوبيات . • ضعف اهتمام الدول بالانسان . • تعدد القوميات . • الاستقرار السياسي . • الوحدة العربية .
T	**S**
• الانفتاح على التكنولوجيا الغربية . • الاعتماد على الخبرات الخارجية . • التقنيات التقليدية . • الاعتماد الكلي على استيراد التقنية . • عدم مواكبة التطور السريع للتقنية . • حروب (هجرة) الكفاءات العربية . • مجتمع مستهلك للتقنية . • زيادة البطالة . • بناء القدرات العربية .	• الاغراء . • العنصرية . • الفساد الاداري . • غياب المثل الاعلى . • النمو السكاني السريع. • التقليد الاعمى للغرب. • الفقر / الجهل / الأمية. • العنف الاسري والمجتمعي . • الشباب (الماضي والحاضر) . • هجرة الخبرات . • تنظيم الأسرة . • مجتمع استهلاكي . • الارتجالية في التخطيط . • تهميش دور المرأة . • الطبقية .

* المصدر: البرنامج التدريبي حول تنظيم الجماعة والتمكين. مجلس كنائس الشرق الأوسط. برنامج الرسالة في المدينة والريف. اعداد وإشراف وتنفيذ: حسين حسنين 14-17/ تشرين الثاني 1998. بكفيا / لبنان.

T0148109

Printed in the United States
By Bookmasters